ENCUENTROS

ALCANZANDO TU PROVISIÓN CELESTIAL ABUNDANTE

Escrito por Joshua Marcengill
Editado por la Dra. Sherri Lewis
Traducido por María Terreros
Prólogo de Blake K. Healy

"... Ha sido escrito por los profetas,

Dios mismo les enseñará a todos... "

Juan 6:45

Copyright © 2019 por Joshua Marcengill

Producido y distribuido por Abundant Encounters, Inc.

Visita www.abundantencounters.com

Copyright © 2019 por Joshua Marcengill

Todos los derechos reservados. Ninguna parte de este libro puede reproducirse o usarse de ninguna manera sin el permiso escrito del propietario de los derechos de autor, excepto para el uso de citas. Para mayor información al correo electrónico: jmarcengill@gmail.com

Encuentros: Alcanzando Tu Provisión Celestial Abundante

Traducción al español: Maria Terreros

mariaterrerosinterpreter@gmail.com

Edición impresa en tapa blanda ISBN: 978-1-7342850-2-4

eBook ISBN: 978-1-7342850-3-1

Este libro está protegido por las leyes de derechos de autor de los Estados Unidos de América. Este libro no puede ser copiado o reimpreso para obtener ganancias o regalías comerciales. Se permite y fomenta el uso de citas cortas o la copia ocasional de páginas para estudios personales o grupales. Se puede otorgar permiso adicional por medio de una solicitud previa.

Citas de las Escrituras utilizadas de Mirror Bible® Du Toit, Francois. Hermanus, Sudáfrica : Copyright © 2012 Mirror Word Publishing.

Las citas bíblicas marcadas como TPT son de The Passion Translation®. Copyright © 2017, 2018 por Passion & Fire Ministries, Inc. Usado con permiso. Todos los derechos reservados. www.ThePassionTranslation.com. (Como aún no está la traducción oficial al español de esta versión, la traducción que se realizó fue libre. N.T)

Las citas bíblicas utilizadas de la Versión Reina Valera son tomadas de Reina-Valera 1960© Sociedades Bíblicas en América Latina, 1960. Renovado © Sociedades Bíblicas Unidas, 1988.

Escrituras tomadas de la Nueva Versión King James®. Copyright © 1982 por Thomas Nelson. Usado con permiso. Todos los derechos reservados.

Citas de las Escrituras tomadas de la Biblia Amplified® (AMPC), Copyright © 1954, 1958, 1962, 1964, 1965, 1987 por The Lockman Foundation. Usado con permiso. www.Lockman.org

Citas de las Escrituras tomadas de New American Standard Bible® (NASB), Copyright © 1960, 1962, 1963, 1968, 1971, 1972, 1973, 1975, 1977, 1995 por The Lockman Foundation. Usado con permiso. www.Lockman.org

Las citas bíblicas provienen de la Biblia ESV® (The Holy Bible, English Standard Version®), copyright © 2001 de Crossway, un ministerio editorial de Good News Publishers. Usado con permiso. Todos los derechos reservados.

Las citas escritas marcadas (NASB) están tomadas de New American Standard Bible® (NASB), Copyright © 1960, 1962, 1963, 1968, 1971, 1972, 1973, 1975, 1977, 1995 por The Lockman Foundation. Usado con permiso. www.Lockman.org

Las citas de las Escrituras marcadas (NVI) están tomadas de la Santa Biblia, Nueva Versión Internacional®, NIV®. Copyright © 1973, 1978, 1984, 2011 por Biblica, Inc. ™ Usado con permiso de Zondervan. Todos los derechos reservados en todo el mundo. www.zondervan.com La "NVI" y la "Nueva Versión Internacional" son marcas registradas en la Oficina de Patentes y Marcas de los Estados Unidos por Biblica, Inc. ™

Algo diseño de interiores por Christine Burney https://christineburney.com/

Crashing Wave foto de cubierta por Gatis Marcinkevics from Unsplash

Tabla de Contenido

~

Copyright © 2019 por Joshua Marcengill   5

AGRADECIMIENTOS ESPECIALES 9
PRÓLOGO 11
Introducción 13

PRIMERA PARTE - ¿Qué son los Encuentros?

Capítulo 1 23
    Definiendo el término Encuentros 23
Capítulo 2 29
    Variedades de Encuentros 29
    Encuentros Subjetivos y Objetivos 31
    Encuentros Tangibles e Intangibles 37

SEGUNDA PARTE - El Poder del Testimonio

Capítulo 3 43
    Hazlo Otra Vez 43
    Una Vida de Encuentros 49

TERCERA PARTE - Encuentros que Me Hicieron Un Hijo

Capítulo 4 55
    Encuentros Con Jesús 55
    No Hay Suficiente Para Mi 59
    Aprendiendo a Apoyarme en Cristo para Romper Mis Límites 77
    Convirtiéndome en Alguien que Ayuda a los demás a Romper sus Límites 83
Capítulo 5 89
    Encuentros Con el Espíritu Santo 89
    Un Testimonio sobre Ser Dependiente de Dios 89
    Aprendiendo a Ser Sobrenaturales 95
    Ser Sobrenatural para los Demás 101
Capítulo 6 107
    Encuentros Con Dios 107

Cena con Dios 107

Aprendiendo a Ser Amado 115

Convertirse En Amor para los Demás 119

Capítulo 7 127

Encuentros Con Su Reino 127

Aprendiendo que Lo que Faltaba era la Iglesia 131

Convirtiéndonos en lo que Otros Necesitan 135

Capítulo 8 141

Abundancia, Encuentros y Ocupar un lugar como Hijo 141

Un Año de 365 Encuentros 141

¿Cuál es Nuestra Herencia? 149

Convirtiéndome en un Hijo para los Demás 153

CUARTA PARTE - Hay Suficiente

Capítulo 9 163

El Arrepentimiento es un Estilo de Vida 163

Nos Arrepentimos 163

Muéstrame Tu Rostro Dios 167

Jesús, Mi vida Es Tuya 173

Capítulo 10 181

Hay Suficiente 181

Desarrollando una Mentalidad de Abundancia Acerca de los Encuentros 181

Memoria Espiritual del Músculo 185

Un Ecosistema a partir de la Gratitud 191

Juntos Podemos Sobrepasar de Manera Abrumadora Todo el Déficit del Mundo 194

APÉNDICE A - Cómo Contar Tu Testimonio

APÉNDICE B - Plan de Lectura Bíblica de 365 Encuentros

Bibliografía 250

Referencias Bíblicas 251

AGRADECIMIENTOS ESPECIALES

Tal vez olvide mencionar aquí a muchas personas, pero debo agradecerle a mi madre quien estuvo conmigo durante todos los altibajos. De cierta forma, ella no se menciona mucho en este libro, pero te aseguro que estuvo allí. Ella estaba allí incluso cuando no la dejaba estar presente. Y estoy muy agradecido por eso.

Quiero agradecerle a mi esposa, Mary, quien parece ser la manifestación de una conversación que tuve una vez con el Señor. Él se me acercó varias veces, pero finalmente Me arrinconó y Me preguntó quién podría ser mi esposa. Recuerdo que todo lo que escribí se resume en que ella necesitaría ser alguien que siempre pudiera alegrarme el día. Que nada pudiera robarle la sonrisa por mucho tiempo, incluso cuando yo estuviera en un lugar oscuro. Recuerdo haber escrito que así realmente sabría que ella era la que Él había elegido para mí. Y generalmente ella es, por supuesto, muy alegre y sonriente y nunca ha habido duda alguna acerca de si ella era para mí o de si yo era para ella. Su elección nos ayuda a elegirnos diariamente. Él es un buen Dios.

Quiero agradecer a Felipe Muro, mi padre hispano, de quien más hago mención en este libro. Y a toda su dulce familia, a la cual amo para siempre. El Señor me mostró que todos tendríamos mansiones una al lado de la otra en la eternidad. Al hermano de Felipe, Isaac, quien me guio a una relación con Jesús y a la Iglesia Destiny de San Diego (California, N.T) junto a toda mi familia, a quienes extraño diariamente, pero con quienes me contacto rara vez. Es muy difícil vivir en Georgia cuando siempre me la paso pensando en San Diego.

Estoy eternamente agradecido con Jesse Armas y Jorge Méndez. Muy agradecido con muchos otros. Me gustaría agradecer a Bethel Church (Iglesia Bethel, N.T) por ayudarme a ver que no era una persona tan diferente, ni sola en el mundo con mi conexión con Dios. Estoy agradecido con Steve y Lindy Hale, Michael y Kimberly Edwards, Rachel y Kevin Koontz, Jonathan Snyder, Roger Sisk, Charles y Candra Georgi, Zach Aten, Abigail Holt Jennings, Melissa Crilly, Julianne Nolan, Justin y Jenn Stockman, April y Blake Healy y con muchos otros que forman parte de la comunidad de Bethel en Atlanta por profetizar continuamente sobre mí y ayudarme a ver que mi historia con Dios era valiosa y digna de ser escrita para otros.

PRÓLOGO

Los hijos de Dios están diseñados para relacionarse con Su padre. Estamos hechos para tener hambre de Su naturaleza, para ser atraídos y vinculados por los misterios de Su reino, y para anhelar intimidad con Él. Todos nacemos con una necesidad fundamental de estar cerca de Él, una necesidad que tiene la intención de ser satisfecha.

La relación con Dios no implica un concepto espiritual abstracto o un sentimiento religioso agradable, sino que es el fundamento mismo de nuestras vidas. Hemos sido creados para conocer Su voz, reconocer las obras de Su mano y buscar Su rostro. Estamos diseñados para tener una relación con Él. Una conexión muy tangible, personal y que afecte tanto como cualquier vínculo terrenal. Una relación que es real.

Encuentros invita a sus lectores a una relación real con Dios; un Dios que habla, un Dios que guía, un Dios que ama y ama y que luego Te enseña más acerca de Sí mismo para que puedas experimentar Su amor más plenamente.

Aquí encontrarás herramientas para comenzar a construir una relación más profunda con tu Padre celestial, una relación llena de encuentros con Su presencia. Encontrarás testimonios para ayudar a ampliar tu comprensión de las innumerables formas en que Dios está listo para encontrarse contigo. Y encontrarás revelaciones, escrituras y enseñanzas que revelan a un Dios que te ha dado Su permiso pleno para ir en pos de encuentros con Él.

A veces debido a nuestra educación, historia de la iglesia o por patrones relacionales, algunos podemos sentir una sensación de temor cuando buscamos nuevos niveles de intimidad con Dios. Un temor de no ser dignos ni aptos para dar un paso más allá, e ir más profundamente en Su presencia. Una incomodidad por no saber cómo relacionarnos con Dios de una manera más íntima. Una tentación de dar un paso atrás y retirarnos hacia la familiaridad de la distancia. Si sientes algunas de estas emociones mientras das tus primeros pasos a lo largo de estas páginas, permíteme animarte a que te repongas, esperes y des unos pasitos para acercarte un poco más.

Creo que con este libro, Joshua, ha desatado una impartición de la gracia en su vida para tener encuentros con Dios. Una gracia que siento que es especialmente adecuada para ayudarte a estar en paz en la presencia de tu Padre. Una gracia que está diseñada para equipar a aquellos que nunca han tenido un encuentro personal con Dios e invitar a aquellos que los tienen a asumir un estilo de vida de encuentros.

Blake K Healy

Director de la Escuela de Ministerio Sobrenatural Bethel de Atlanta

(Bethel Atlanta School of Supernatural Ministry, BASSM. N.T)

Autor de El Velo

Introducción

~

¡Buenas noticias!

Dios. es. real.

Ciertamente Él es real. ¡Él es realmente real!

Y gracias a Dios, por Dios.

Las siguientes páginas fueron escritas después de que muchos amigos y familiares me pidieran que escribiera sobre mis encuentros *"salvajes y locos"* con Dios. Fui persuadido cuando el Señor me dijo internamente, tan claro como tú te oyes al leer estos renglones- que podía dar aquello que había recibido. Supongo que no me gustaba la idea de hablar de mí, ¡pero me encantó la idea de compartir aquello que me ha sido dado! Realmente es muy simple, Dios me sanó de adentro hacia afuera así como Él hace. Yo quiero eso para todos. Su disposición a hacer tanto por mí me lleva a creer que a cada uno de nosotros, nos está invitando a un nivel de abundancia, a través de encuentros de los que el mundo nunca ha conocido. Es una gloria superior a la gloria de ayer, una realidad celestial aquí en la tierra, que está disponible para hoy. Si no estuviéramos listos para ella, esto no Lo detendría. Él está listo, y mucho antes de que naciéramos, decidió que quería que tuviéramos esta vida abundante llena de provisión celestial.

Dios está tan determinado a vernos poseer nuestra herencia a plenitud, que incluso nos ayudará a recibir encuentros abundantes. Él incrementará nuestro apetito, nos enseñará a confiar en Él y nos llevará a toda velocidad hacia los momentos más profundos y más reales con Él. Lo sé, porque lo hizo por mí. Me sanó de una forma que solamente Él puede hacerlo. Muy adentro, allí donde podrían volver a surgir las aguas vivas. Ese fluir hacia el exterior fue el que usé para escribir el libro que te encuentras leyendo en este momento.

Me detuve muchas veces para restaurar el fluir antes de completar este proyecto. Quería escribir sobre los encuentros a partir de los encuentros. No puedo evitar creer que Él te traerá encuentros abundantemente, momentos en los que sabrás que Él es real, tal vez a niveles más profundos y sorprendentes con relación a los que ya has vivenciado y en los que has estado. Momentos que te enseñarán, sin sombra alguna de duda, que eres un hijo o una hija, un heredero Suyo, del Padre y de Su abundante Reino.

Por causa de tu vida, claro está, pero también por el bien del mundo. ¿Qué haríamos sin Dios?

Gracias a Dios por Dios.

Gracias a Dios, porque Dios es real.

Soy consciente de la narrativa, como semejante a una transmisión que no se ve y que se reproduce continuamente, diciendo que *no hay suficiente*. Nos pide que nos sintonicemos todos los días y le encantaría que pasáramos más tiempo confirmando sus *datos* retorcidos y distorsionados. "El fin está cerca; estamos matando nuestro planeta; le estamos robando a nuestros hijos..." Esta narración toma la verdad y la arruina para servirle a una malvada agenda.

La ciencia no es nuestra enemiga; los datos y la verdad son extremadamente valiosos para todos, pero la desesperación mata, roba y crea orfandad en todos nosotros. Esta transmisión ha enseñado dichas distorsiones por generaciones, pero la abundancia de Dios está a punto de exponer esta mentira tortuosa para que podamos ver la verdad. La verdad sobre el estado de nuestro mundo, la esperanza que tenemos y el grito desesperado de toda la creación para que se manifiesten los hijos y las hijas.

Fui salvo a los 27 años. Dios usó un encuentro para llevarme a Su Reino antes de que yo supiera lo que era aquello. Día a día, Él ha usado encuentros para hacerme un hijo. Es un contraste bien marcado con la muerte lenta de la realidad distorsionada que estaba experimentando antes de saber que Él era real. He aprendido que los encuentros son una fuente de discipulado, corrección y amor de parte de nuestro abundante Padre Celestial, Quien nos da generosamente. Él llena el vacío que tenemos con más de lo que necesitamos. Lo llena con la intención de hacerlo desbordar para otros. Él es generoso. Los encuentros me convencieron de que Él era real. No los datos o el discurso persuasivo, sino esos momentos abrumadores en los que no tuve ninguna otra explicación razonable.

Ahora bien, antes de ir más allá, es muy importante que entiendas que los encuentros prácticamente carecen de valor, sin la comprensión espiritual y la sabiduría que sólo fluye de la Palabra de Dios. No hay otra manera: tenemos que meternos en la Palabra. Si no leyera la Biblia con frecuencia, a duras penas podría hablar el idioma del encuentro. La Biblia es una herramienta fundamental en mi caminar con Dios. De hecho, en 2009, tan sólo dos años después de ser salvo, Dios usó al azar, un plan de lectura de la Biblia en 365 días para encontrarse conmigo día a día a través de Sus escrituras. ¡Eso es abundancia! Él estaba usando abundantes encuentros para revelar Su Palabra, y para transformarme de adentro hacia afuera.

Me estaba volviendo muy distinto. Recuerdo que antes de ser salvo, cuando leía porciones de la Biblia siempre las sentía insípidas y aburridas, pero Él usó los encuentros para hacer que esas mismas Escrituras fueran reales y vivas. Él les dio vida a los personajes y mucho más. Estoy completamente convencido de que en la tierra no hay nada más relevante que la Biblia. Pero, para que no sea un libro más, necesitamos tanto de Ella como de la realidad de Dios.

También descubrí que a menudo colocamos cercas, usamos lentes innecesarios o desagradables e incluso construimos muros psicológicos entre Dios y nosotros, o entre lo que Él quiere ser para nosotros en una temporada determinada. Dios es siempre el mismo, pero como un buen Padre, Él sabe lo que necesitamos y lo proporcionará, si no se lo negamos a partir de lo que creemos que Él debería o podría estar haciendo en cambio.

Si bien no he tenido la experiencia de que los muros tengan que ser quitados antes de que recibamos los encuentros, me he dado cuenta de que ser vulnerables ante Dios facilita entender la vida con Él. Ser vulnerables ante Dios es más seguro de lo que podemos imaginar. Tener un corazón suave, -ser como niños en nuestra confianza y expectativa hacia el Padre, Hijo y Espíritu Santo- abre, amplía y aclara nuestras líneas de comunicación como embajadores y ciudadanos del cielo que vivimos en la tierra.

Por esta razón, incluí algunas herramientas poderosas de oración en la Tercera Parte de este libro para acompañar los avances y encuentros que Él me dio, con la esperanza de poder compartirlos y transmitirlos. Creo que encontrarás respuestas que destruyen la distancia y que, en cambio, crean una conexión profunda. Mi oración es que estas herramientas te ayuden a equiparte y a establecer un compañerismo diario con nuestro Dios vivo y con Su abundancia en tu vida. Oro para que seas equipado y para que por el bien del mundo, de ti se desborden las cosas que Lo has visto hacer en ti.

Creo que para bien Dios está liberando un ecosistema de vida y victoria que abrumará a la muerte, las mentiras y la falta de propósito de este mundo caído. Los encuentros que me dio me mostraron Su método para hacerlo desde el interior de mi corazón y a través de mi mente física. La bondad, la esperanza y la paz se desplegaron para que los lugares angustiados y deprimidos volvieran a enderezarse y fueran llenos de vida. Si Él pudo hacerlo en mí, también puede Hacerlo por el mundo entero.

Los encuentros parecen ser como un tipo de moneda del cielo que puede inclinar la balanza y distanciarla para siempre de los dos males distractores de la carencia y la codicia. Su voz me guía -y nos puede guiar- más allá de todas las distracciones, hacia el propósito y el destino. A través de los encuentros, aprenderemos a vivir más como hijos e hijas. Nuestra capacidad se ampliará, así como también nuestra sensibilidad. La Iglesia se convertirá en la

Novia de Cristo sin mancha, tal como lo dijo en Efesios (Efesios 5:25-27).

Algunos dejan de creerle a Dios con relación a los encuentros al momento de su experiencia de salvación. Otros todavía se aferran a encuentros de hace mucho, mucho tiempo en una tierra muy lejana. Algunos se aferran a los encuentros de sus padres, hermanos o amigos. ¿Cómo podemos pensar que no necesitaremos y continuaremos necesitando toques del cielo? ¿Será que cuando los hijos de Dios reciben a Cristo por primera vez, el Cielo celebra la fiesta más grande porque ve que se establece la conexión entre nosotros? ¡Qué tal si su emoción tiene que ver con que lo que acabamos de recibir es una escalera del cielo a la tierra!

La fiesta no se detiene si seguimos recibiendo. De hecho, parafraseando al padre Capón, "va de la cava de vinos hasta la habitación principal y se toma toda la casa" (Referencia de Robert Farrar Capon del libro The Parables of Judgement) Se apodera de nuestras vidas y si lo dejamos, Dios lo usará para sanar al mundo entero. Tenemos evidencia: vimos cómo lo hizo en nosotros. Si puede hacerlo en mí, puede hacerlo, y punto. Puede hacerlo por cualquiera, por cualquier cosa, por hogares, por culturas, por negocios, entretenimiento, política; por todo el mundo.

Jesús usó claramente encuentros diarios con Dios y Dios no le retiene esto a nadie. Escuchar lo que Él está diciendo, hacer lo que Está haciendo, eso también nos pertenece. Piénsalo, solo un padre malvado, abusivo y tortuoso nos pediría que hagamos "cosas mayores" (Juan 14:12-14) que las que hizo Jesús para luego abstenerse de darnos lo que Él –Jesús- tenía. Ese no es nuestro

Papá. Él es un buen Padre. Los hijos y las hijas saben esto hasta lo más profundo de su ser. Sabemos que tenemos derecho a escuchar la voz de nuestro Padre y a Conocerlo personalmente. La vida de Cristo está a nuestra disposición por causa del precio que Él pagó.

Él está aquí con nosotros. Oro para que Lo puedas sentir ahora, e incluso para que comiences a experimentar el vitoreo excesivo y abundante procedente de esa sala del trono, que viene de parte de los ángeles y de la nube de testigos. ¡Oro para que mientras te vinculas con el volumen radical de sus vítores sin restricción, sepas de primera mano, por qué los llaman "la gran nube de testigos"! ¿Puedes escuchar sus pies bailando? ¿Puedes escuchar sus bocinas y sus vuvuzelas? ¡Son por ti!

"¡Puedes lograrlo! ¡Él está contigo! ¡Él es todo lo que necesitas!"

Y ahora se incrementa, más y más fuerte. Pido en el nombre de Jesús para que Dios te confirme todo esto antes de que leas otra palabra. Oro para que Su presencia te llene ahora.

Selah~

(En hebreo, "pausa, respiro, y tomarse un segundo para adorar antes de continuar")

Dios no escasea en encuentros, amigos mío.

PRIMERA PARTE
¿Qué son los Encuentros?

Capítulo 1
Definiendo el término Encuentros

Te preguntarás cómo estoy usando la palabra encuentro. En 2019, el dictionary.com definió dicho término –encuentro- como:

Verbo- "venir sobre o encontrarse con, especialmente de manera inesperada"

Sustantivo- "una reunión con una persona o con una cosa, particularmente un encuentro casual, inesperado, o una reunión breve"

Este es mi intento de la definición de –Encuentro- para los propósitos de este libro: experiencias individualizadas dotadas de manifestaciones de la presencia tanto subjetiva y objetiva, de la naturaleza del Dios vivo en nuestra realidad natural colectiva.

Los encuentros Bíblicos datan desde el encuentro de Adán con Dios cuando refrescaba el día hasta los relatos de Juan acerca de Jesús en el libro del Apocalipsis. Enoc camina con Dios, María habla con el ángel Gabriel; Pablo se cae de su caballo de camino a Damasco (El Libro de los Hechos 9:3,4) y así sucesivamente, a lo largo del libro. Sin encuentros, la Biblia no tendría una trama. Ella es un libro de encuentros: - relato tras relato de Dios tocando al hombre. La Biblia es, de hecho, un manuscrito vivo y suplica que interactuemos con él. No es una decoración ni un mérito del cual apropiarse. La Biblia es una invitación a encontrar a un Dios real. Es la clave para desbloquear nuestros corazones para recibir de parte de nuestro Dios generoso. El encuentro es aquello que recibimos de Él físicamente.

Las palabras cristianas como encuentro, son usadas en nuestro entorno casi que frívolamente. Por ejemplo, es difícil distinguir el *encuentro* de la palabra *presencia*. Otros términos que yo escucho que usan los cristianos para describir los encuentros incluyen gloria, manifestación, revelación, fruto y así sucesivamente. Esto no es un problema para la mayoría de nosotros, pero por el bien de nuestra travesía aquí, démosle una mirada al contraste entre algunos de estos términos para ayudarnos a destacar y distinguir más nuestro tema de los Encuentros.

Es muy posible que los encuentros estén definitivamente ubicados entre la presencia y la gloria. Parece que primero aprendemos a permanecer en Su presencia, lo cual en principio es un encuentro, luego, sobre todo cuando estamos abiertos y dispuestos, al permanecer en Su presencia, se producen encuentros frecuentes, momentos con la conexión individual de Dios y Su comunicación con nosotros. Esos encuentros se desbordan hacia la gloria genuina, la manifestación del cielo en la tierra. A veces todo sucede de una, o al revés. Muchos tienen encuentros, pero no conocen la presencia, etc. No hay una fórmula. No hay restricción y no es algo que pueda ser capturado por la religión y una lista de tareas pendientes. Puede que haya una lista de cosas que no se hacen, pero incluso tal lista sería pasada por alto por sus senderos que son como el viento y por las oportunidades que presenta. Sin embargo, puede que al menos haya una diferencia entre presencia y encuentro.

Presencia- nuestro reconocimiento de una realidad física atmosférica de la cercanía de Dios. Puede ser subjetiva u objetiva, pero es distinguible.

Encuentro- momentos de conexión y comunicación de parte de Dios.

Yo también comprendí que en sí misma, la revelación no es necesariamente un encuentro. Con frecuencia, es el fruto del encuentro. La revelación es frecuentemente el resultado de la participación de nuestra mente en recibir un encuentro. Por ejemplo, puede que pases por un momento en que sepas que Dios es real; esa es una revelación que ha emergido por encima del nivel del corazón. Esa revelación es fruto de ese encuentro. Quedarse allí y recibir tanto la revelación y como el fruto sería avanzar al punto de decir: "Nunca tendré que volver a preguntarme si Dios es real". Ahora hemos solidificado el recorrido de casi 46 centímetros desde nuestro corazón a nuestra cabeza. Acabamos de aceptar una invitación a vivir como un hijo o como una hija, con un Padre Celestial que vive. Por supuesto que a través de este ejemplo, he simplificado y generalizado una experiencia infinitamente única, pero podría ayudarnos a contextualizarnos y ese es el punto.

Fruto- un resultado cuantificable de una interacción con la presencia, gloria o con un encuentro.

Revelación - Un entendimiento de que nuestro cerebro o nuestra cabeza ha consumido/recibido el fruto de parte de nuestro corazón después de una experiencia con un encuentro, la presencia o la gloria.

Los encuentros son momentos cara a cara que compartimos con la Trinidad: Jesús, Dios Padre y el Espíritu Santo; y con el cielo: los ángeles, la presencia constante de Dios y la realidad superior del cielo. La gloria es el aumento del cielo en la tierra, el establecimiento manifiesto del Reino de Dios. Por ejemplo, si oro para que una persona se sane, primero me conecto con el amor por esa persona que Dios me ha revelado.

Yo podría recibir una Palabra de Conocimiento (algo que no podría haber sabido sobre las personas sin la ayuda de Dios, Quien los conoce, y me comenta al respecto). Esa palabra luego desata revelación (las personas se dan cuenta de que Dios es real y de que los conoce), lo que proporciona fe y en consecuencia, son sanados por ella. Tal persona o personas en particular, ahora tienen la gloria del cielo. Un encuentro manifiesto y objetivo. Una realidad celestial en la tierra. El fruto de la gloria existe ahora, pero de ellos depende si lo administran o no.

Gloria - cuando la tierra se ve tan impactada por el cielo que se vuelve celestial, ya sea por fuerza o mediante la aceptación y la gratitud.

Esa gloria es la presencia de Cristo en ellos que ahora es una demostración de la manifestación de que no puede serles quitada. Pueden olvidarse al respecto, suele pasar, pero nada puede eliminar el haber sido testigos, si deciden valorar tal encuentro. Esa demostración ahora es un testimonio y ese testimonio de Cristo es la esperanza de todo el mundo. Creo que, de hecho, es incluso una moneda lanzada del cielo a la tierra para inclinar la balanza hacia la abundancia. El encuentro de esta persona –el individuo en cuestión- es lo que anhela toda la creación. Es aquello que la Biblia menciona como lo que causará que toda la creación sea como es en el cielo (Rom 8:18-24).

Capítulo 2
Variedades de Encuentros

A Dios claramente le agrada darnos una variedad de encuentros, encuentros que generan confianza en nosotros para ser los individuos que Él creó para que fuésemos. Él quiere que sepamos que nos conoce mejor de lo que nunca hemos sido conocidos y usa los encuentros para hacer eso y mucho más. Si alguna vez te dieron un regalo que realmente era muy considerado –es decir, que quien te lo dio había pensado ampliamente en dicho presente-, ya sabes lo que se siente recibir el encuentro perfecto. Dios escoge el encuentro perfecto y escoge el momento perfecto para entregarlo. Él es el mejor dador de regalos que haya existido. El cristianismo comenzó con una variedad de encuentros como los que discutiremos. Cada uno fue planeado y entregado intencionalmente al individuo en particular, ese que Dios había creado de manera maravillosa para que lo recibiera.

Los encuentros están diseñados específicamente para nosotros y para los propósitos de Dios en la tierra, y Él nos ha escogido para su complimiento, o para aquellos propósitos en los que desempeñamos un papel. María, la madre de Jesús, por ejemplo, guardó en su corazón la palabra del encuentro con el ángel (Luke 2:19). Sin dicho encuentro, ella nunca habría sido la primera cristiana. Ella fue la primera en concebir mental y físicamente que Cristo estaba vivo en ella. ¡Increíble! Muchos profetas *percibieron* que vendría un salvador, pero María *concibió* que el Salvador *había* llegado con la ayuda de su encuentro.

Nosotros tampoco podemos concebir por nuestra propia cuenta. Para concebir, necesitamos momentos de encuentro, de lo contrario solo vamos a percibir, y hay una diferencia entre ambos. Al percibir, podemos vivir de la fe de nuestros padres o de las personas en las que confiamos, de un libro que leemos, pero concebir significa que tenemos una evidencia interna firmemente plantada dentro de nosotros. Dios ha dado vida a una semilla en nuestro interior. Dios decide cómo deberán ser esos encuentros y piensa claramente en nosotros como individuos al decidir qué tipo de encuentros nos dará. Si valoramos y apreciamos los encuentros tan únicos que Él escoge, tal como lo hizo María, entonces nosotros también veremos la gloria manifiesta desde el fértil vientre de nuestro corazón.

La siguiente lista no es exhaustiva, pero me gustaría describir algunos tipos diferentes de encuentros comunes. No podemos limitar al Dios cuyos pensamientos sobre nosotros son como las arenas de todos los mares; no obstante, exploremos algunas experiencias comunes.

Encuentros Subjetivos y Objetivos

Los Encuentros Subjetivos tienen lugar cuando nosotros somos los únicos observadores o testigos.

Los Encuentros Objetivos ocurren cuando hay múltiples testigos.

Cada vez que en la Biblia un rey, un profeta o un vidente escuchan a Dios, casi siempre experimentan encuentros *subjetivos*. En contraste, a Jesús se le dice que Él es el Hijo en quien el Señor tiene complacencia delante de Juan el Bautista y de las multitudes. Esta fue una experiencia *objetiva* para todos.

Es muy frecuente que escuche la misma Escritura que leí durante mi devocional matutino siendo leída desde un púlpito, en una película, de labios de un amigo, etc. Esto es muy gratificante, -ver Su mano en mis momentos diarios de esa manera- saber que Dios organizó todos los eventos que incluso me alegraron el día, lo cual se hace evidente a través de dicho momento. Está claro que Él edifica nuestros días con encuentros subjetivos como estos. Encuentros que otros no experimentaron de la misma manera que nosotros, incluso así los hayamos compartido verbalmente. Nosotros estuvimos allí, ellos no. Estos y otros encuentros subjetivos, momentos que compartimos con Dios, son los encuentros más abundantes que están disponibles.

Si estamos atentos a ellos y los valoramos, los experimentaremos a través de cada uno de nuestros sentidos, la mayoría de nuestros momentos a lo largo de todo el día. Dios está en todas partes y en está en todo, todo el tiempo. Si tenemos ojos para ver, podemos sintonizar esa realidad en cualquier lugar, en cualquier momento.

Dios habla públicamente, pero en la mayoría de los casos, tendremos un encuentro en el "armario", una experiencia subjetiva. Son dichos encuentros los que nos enseñan sobre el compañerismo con el Señor, y Él lo diseñó así. El hecho de que sean subjetivos no los hace menos valiosos.

Estamos aprendiendo a escuchar a través de ellos, practicando nuestra comprensión de Su liderazgo. He tenido encuentros subjetivos que fueron desafiados y que incluso demostraron ser incorrectos. Una palabra de dirección que percibí, pero que, en últimas, el resultado final nunca se conectó con la lección o con el Maestro. Yo estaba equivocado. No hay problema, no es gran cosa. No estoy seguro de por qué no me di cuenta, pero me pasó y está bien porque estaba sintonizándome. Estaba cultivando el fruto de la conexión a través de la práctica. Eso es muy valioso.

Estas experiencias privadas pueden darnos la confianza de que lo que Él hizo en nosotros, lo puede hacer en los demás. Para muchos de nosotros, resulta imposible imaginar que Él les retenga a otros aquello que nosotros hemos experimentado, lo cual puede derivar en un celo que cambia al mundo. Es por eso que compartimos el testimonio; para que Dios pueda "hacerlo de nuevo". Cuando has encontrado a Cristo en ti, se revela en realidad la esperanza de Gloria para toda la Tierra. Es aquello que la Biblia menciona como el misterio que todos queremos conocer (Colosenses 1:27). Eso es. Es Cristo evidenciado en nuestra propia realidad. Lo vimos; no estábamos confundidos. Era tan real como la gravedad. Cuando sabes lo valioso que es esto, la fe en lo que has visto subjetivamente puede acarrear encuentros objetivos. Esos encuentros tienen el poder de curar al mundo moribundo.

A veces, Dios aparece también y todos están allí para presenciarlo, como las nubes de gloria que han estado apareciendo en los servicios de la iglesia. Espectáculos de luz brumosa con oro y plata brillantes a lo largo de su extensión. Lo creas o no, muchas personas son testigos de estas manifestaciones.

Los milagros como dividir los mares, la oreja creciéndole de nuevo al soldado sanedrín, Jesús caminando a través de las paredes frente a los discípulos, Pedro caminando sobre el agua, y muchos más, son todos ejemplos de encuentros *objetivos* totalmente manifestados. Todos los presentes son testigos. El punto donde las cosas se ponen un poco difíciles, es en que cada testigo tiene una experiencia ligeramente diferente. Su testimonio parece estar sujeto a su relación personal con la fe y con Dios, tal vez incluso al valor que le dan a sus propios momentos subjetivos con Él.

Podemos darnos una idea de este fenómeno cuando Saúl tuvo el encuentro que resultó en que su nombre cambiara a Pablo de camino a Damasco, algunos escucharon una voz allí también, otros escucharon relámpagos, y probablemente algunos se preguntaron qué estaba pasando (Hechos 9). Esto es como lo que sucedió con Jesús cuando Dios lo llamó Su Hijo durante su bautismo (Mateo 3:17). Cuando hayamos desarrollado nuestra capacidad de recibir encuentros de parte de Dios a través de la expectativa, subjetiva u objetiva, propongo que entonces, no seremos de aquellos que oyen relámpagos cuando Dios habla; seremos uno de quienes escuchan la voz de Dios.

> *"Milagros potentes y Tu poder en acción, sólo por mencionar algunos. Las profundidades del propósito y las capas del significado saturan todo lo que Tú haces. Hay misterios tan maravillosos dentro de cada milagro que pareciera que casi todos los pasaran por alto. Quienes carecen de discernimiento no pueden descubrir realmente la profundidad y los secretos gloriosos escondidos en Tus caminos".*
>
> Salmos 92: 5-6 (Traducción libre al español de la Biblia The Passion Translation, TPT, cursiva del autor, N.T)

Al incrementar nuestro valor por el encuentro, aumentamos nuestro discernimiento y nuestra capacidad de recibir todo tipo de encuentros. Es importante que practiquemos nuestro discernimiento activando nuestras expectativas. La expectativa es simplemente otra palabra para la fe.

Al mantener nuestra fe activa, creceremos en nuestra capacidad de recibir e interpretar la realidad constante del Dios vivo en nuestro mundo. Incluso podrás ayudar a otros a ser testigos desde su propio punto de vista, a partir de aquello que tú presencies. Tus ojos abiertos ayudarán a abrir los ojos de todo el pueblo de Dios. Y cuando un pueblo está listo para creerle a Dios por el encuentro, los muros se derrumban, las naciones se liberan del mal y nosotros vemos todas las realidades del cielo manifestándose aquí en la tierra.

Toda mi esperanza está puesta en Jesús, pero Él me mostró que así ocurre el cambio del mundo. Jesús actuó solamente cuando Él vio y oyó a Su Padre, Quien ahora también es mi Padre. Quiero vivir así, y Dios nos está mostrando individualmente que Él es quien ha proporcionado para que cada uno de nosotros lo haga de tal forma.

Encuentros Tangibles e Intangibles

Dictonary.com dice que las palabras Tangible e Intangible significan:

Tangible-"...con la capacidad de ser tocado; discernible al tacto; material o sustancial; real o presente, en lugar de ser imaginario o visionario... definido, no vago o esquivo... que tiene existencia física real... "

Intangible - "... incapaz de ser percibido por el sentido del tacto, como cosas incorpóreas o inmateriales; impalpable... indefinido o que no es claro para la mente... " (Recuperado el 22 de abril de 2019 de Dictonary.com)

A lo largo de mi vida, hay muchos *encuentros tangibles* que me han sacudido. He tenido una mano que me conforta sobre mi hombro varias veces; sentí que me rodeaban con brazos reales para un abrazo profundamente satisfactorio. Tengo que asumir que por lo menos esos eran brazos de ángeles, o las propias manos de Jesús. Me he caído en el ámbito natural, he caído por el Espíritu, pero no sentí nada y no me quedó ni un solo moretón para mostrar después. Durante una temporada, el Espíritu Santo me hizo cosquillas en las reuniones de negocios. Traté de decirle lo inapropiado que esto me parecía. Por supuesto, Él lo sabía, y estaba listo para verme feliz, no malhumorado. He sido sanado físicamente muchas veces. Incluso y más de una vez, he sido sanado de una gripa común. Aparentemente, hay una cura. Jesús.

Es más, he tenido encuentros objetivos tangibles donde sentí que poder salía de mis manos cuando oraba por las personas. Yo preguntaba: "¿Sentiste eso?" Y ellos respondían: "¡Sí!" Y otras veces, no decía nada, pero claramente veía que lo sentía salía de mí y parecía entrar en ellos. Por lo general, se sanaban o se sentían renovados, pero no siempre. Cuando Dios me ha usado y se ha movido a través de mí, no puedo contar el número de dolores de cabeza, espalda y otras sanidades físicas que les han sucedido a otras personas. Casi siempre puedo Sentirlo cuando está haciendo milagros a través de mí, con pocas excepciones.

La mayoría de los *encuentros intangibles* que he recibido han sido momentos con la Palabra de Dios. Revelaciones de la verdad o conexiones que no sentía que tuvieran un origen lógico, pero que fueron certeras después de indagar al respecto. Recuerdo que me di cuenta de que el Cantar de los Cantares, se trataba de la iglesia antes de leer acerca de cómo los teólogos habían estado pensando en esto durante años. Lo considero un encuentro debido a la profunda conexión inesperada que trajo consigo. También confirmó que era una verdad celestial dado que Él había estado hablando con otros al respecto durante tanto tiempo.

Sin embargo, los momentos intangibles están tan llenos de gloria que casi nunca permanecen en estado intangible. He tenido muchos recuerdos traumáticos, a los cuales soy llevado nuevamente por Jesús. Los recuerdos no se llenaron de una realidad tangible hasta que Él me trajo de vuelta a ellos. La vergüenza y la derrota hacían todo lo posible por definir ese momento como lo habían hecho antes, pero de repente, Jesús estaba allí conmigo. Su presencia tangible instruía y revelaba la verdad que aflojaba el amarre de la vergüenza y la culpa y sanaba una vieja herida trayendo vida y paz. Probablemente hayas oído hablar de ciclos negativos y los hayas experimentado, pero Dios tiene Sus propios ciclos que interrumpen y eliminan los ciclos negativos. Él usa cosas intangibles como el honor y la amabilidad para conquistarnos con Su amor. Amor que casi siempre es tangible pero que claramente se reserva el derecho de permanecer oculto.

Estos momentos y los de revelación me conllevan a mi adoración más genuina al ver Su mano. El ciclo de lo intangible que se vuelve tangible se crea de esta manera. Mi adoración enfoca Sus afectos en mí y a menudo deriva en más momentos tangibles a partir de los intangibles. Parece que cada uno de nuestros sentidos tiene acceso tangible a Él. Aquí hay mucho por cultivar. A diferencia de los encuentros subjetivos y objetivos, el valor que le damos para experimentarlos y atribuírselos a Dios parece directamente correlacionado con el aquí y el ahora de la comunión con la Trinidad que ellos nos pueden proporcionar.

SEGUNDA PARTE
El Poder del Testimonio

Capítulo 3
Hazlo Otra Vez

"... Tus milagros nos han hecho quienes somos.

Señor, hazlo de nuevo,

Y desfila desde Tu templo, Tu potente poder..."

Salmos 68: 28-29 cursivas mías

La palabra hebrea "testimonio" significa principalmente testificar o hablar, pero en su raíz, la palabra también puede significar "hazlo de nuevo". Así como en la frase, "Estoy dando el testimonio para testificar de la capacidad de Dios de hacerlo de nuevo". Considera el uso de la historia oral de la Palabra. La alfabetización no estaba exactamente en su apogeo en los días del Antiguo o Nuevo Testamento. Las personas en ese tiempo se contaban historias sobre Dios más de lo que lo leían en relatos y/o testimonios.

Las tradiciones orales eran la Internet del día, pero estas eran historias practicadas. No perdían un ápice. Los antiguos hebreos practicaban y contaban las historias bajo escrutinio mutuo de la precisión, abarcando desde el menor detalle hasta el último y más fino. Este no era un juego de teléfono roto, donde se perdían y agregaban frases a medida que circulaban las historias (Teléfono:

el juego de la infancia en el que todos comparten una frase en línea susurrando al oído de la siguiente persona. Al final es muy diferente a la frase original).

Por ejemplo, hubo quienes encontraron pergaminos de diferentes períodos de la época de la narración oral. Los documentos escasamente perdían uno que otro detalle entre sí (Una referencia al descubrimiento de los Rollos del Mar Muerto. Ver: https://www.christianitytoday.com/edstetzer/2012/february/closer-look-significance-of-dead-sea-scrolls.html recuperado el 26/10/18). Por lo tanto, sabemos que conservaron meticulosamente la precisión verbal de sus historias. Eso no es fácil, pero según la comparación de los pergaminos y de otros hallazgos arqueológicos, al parecer eran muy buenos en ello.

Las conversaciones y la narración de historias eran más significativas culturalmente de lo que son para la mayoría de nosotros hoy en día, y por una buena razón. Las palabras se veían más como contenedores que como comunicación. Eran y son una forma de arte hasta la última sílaba. Durante estas tradiciones orales, posiblemente la forma más común de exposición bíblica, las palabras cargaban peso. Ellos debieron creer que estas palabras estaban llenas de esperanza y de gran valor; ¡Estas palabras corrían con herencia y promesa!

"Y estas palabras que yo te mando hoy, estarán sobre tu corazón; y las repetirás a tus hijos y hablarás de ellos

estando en tu casa, y andando por el camino, y al acostarte y cuando te levantes. Y las atarás como una señal en tu mano, y serán como frontales entre tus ojos".

Deut. 6: 6-8 RVR 1960

Sin embargo, a lo que me refiero con esto, es a la *razón* por la cual contaban y volvían a contar el testimonio - una herencia valiosa que hoy en día nosotros también podemos apreciar-. Ellos contaron los testimonios para ver a Dios hacerlo de nuevo y cumplir Sus promesas (Deuteronomio 6). Y funcionó. Josué repitió uno de los milagros más grandes que Dios había hecho en la Tierra hasta entonces: dividir el Mar Rojo. A excepción de él, el Jordán fue el que se secó ante ellos (Éxodo 14: 21-31 y Josué 3: 14-17).

Posteriormente, Elías y Eliseo separaron el Jordán cerca de Jericó (2 Reyes 2: 7,8 y 14). Si Josué había podido hacerlo, ¿ellos por qué no iban a poder? ¡Estos muchachos estaban entusiasmados con lo que Dios había hecho, recordándoselo mutuamente y creyendo que los relatos existían con el propósito de que pudieran llevarse a cabo nuevamente! No sentían celos de los testimonios, sino que en cambio, al escucharlos, crecía su expectativa con relación a que aquello que su Dios y Padre había hecho por otro hijo y hermano de ellos, seguramente lo haría también por ellos.

Si alguna vez nos ponemos celosos o sentimos que Dios no lo hará por nosotros, entonces debemos recordar que hemos sido adoptados en esta Familia del Reino. Somos herederos de esta herencia del Reino y, cuando se producen demostraciones del Reino de lo sobrenatural, las recibimos en nuestra propia cuenta a través de las puertas de la gratitud. Tanto las señales como los encuentros son extremadamente personales y relevantes de forma individual, pero el mismo Espíritu que actúa en nosotros, fue el que obró en Cristo Jesús (1 Corintios 12:11).

A lo largo de toda la Biblia, hay muchos más ejemplos al respecto. Las rocas produjeron agua en múltiples ocasiones. Los charcos de agua y arroyos contaminados, comida envenenada y demás fueron limpiados una y otra vez por aquellos que cargaban consigo testimonios de antaño de parte de Dios. El aceite se multiplicó, las comidas se multiplicaron para alimentar a las personas tanto en el Antiguo Testamento como en el Nuevo (mira 2 Reyes 4: 42-44, donde 100 hombres fueron alimentados con unos pocos panes de cebada y trigo; y Mateo 14:15 y otros evangelios hablan de los peces y panes que alimentaron a 5.000. (¡Me encanta cómo Jesús escala las cosas!).

¡Estos testimonios eran su atesorada herencia, y ahora son tuyos! Por eso escribí este testimonio. Creo completamente que Dios lo hará nuevamente porque lo he visto. De la misma manera en que Josué obedeció a Dios e hizo que los hombres tomaran piedras en memoria para ayudar a los niños de las generaciones futuras a hacer preguntas de expectativa (Josué 4), así es mi testimonio, son mis piedras de memorial apiladas, y ahora las tienes en tu mano justo como Elías y Eliseo.

¡Creo que este libro es un contenedor de herencia, esperanza y de claves para depósitos celestiales de suministros que están listos para manifestarse! Es una promesa de lo que Él puede y de lo que hará por todos Sus hijos. Una vara elevada y un techo establecido, un nuevo estándar sobre el cual me alegra verte caminar.

¿Estás conmigo querido? ¿Puedes percibirlo? Comparte tu testimonio, comparte tu incremento. Compártelo y observa cómo el cielo impregna la tierra. Él lo hizo en ti, y ahora sabes que Él puede hacerlo. Si lo sabes, entonces en tu corazón tienes Su esperanza y el mundo está esperando que lo sepas. ¡El mundo está esperando que le pidas a nuestro Padre que lo vuelva a hacer!

Una Vida de Encuentros

Al leer las Escrituras podemos ver como Moisés es un gran ejemplo de alguien que aprendió a vivir un estilo de vida de encuentros. Si somos intencionales mientras leemos los relatos bíblicos de Moisés, incluso podemos ver la madurez en Moisés a medida que pasa de su vida ausente de encuentros a la vida dependiente de los encuentros diarios. Moisés descubrió la recompensa de una vida enfocada en la cercanía de Dios. Comenzó a ver lo que estaba haciendo Su Padre Celestial y a escuchar lo que Decía. Por eso, halló la fuerza para pasar de una existencia aislada a un estilo de vida de liderazgo y conexión con la presencia de Dios.

Moisés desarrolló un apetito tan fuerte por la presencia de Dios y por el encuentro con Él que se hicieron amigos (Éxodo 33:11). La amistad no es una relación unilateral. La amistad es la fusión de corazones. Por ejemplo, Moisés valoró su conexión con Dios muy por encima de tener razón en todo. Moisés se arrepintió a menudo. Era una relación de doble vía, dado que incluso Dios se arrepintió (cambió de parecer, N.T) ante Moisés (Éxodo 32:14). Pusieron su amistad por encima de sus diferencias y creo que esto reveló el valor de la relación como la mejor motivación para los encuentros.

En los siguientes capítulos, me gustaría compartir brevemente algunos de los encuentros más importantes que he tenido en mi vida. Encuentros que me llevaron a casa, me dieron una base en Su palabra y me enseñaron a vivir una vida más allá de la mía. Una vida de amistad con Dios. Estos encuentros me moldearon. Me dieron dirección y acceso a mi herencia espiritual que de otra forma nunca hubiera sabido que existía.

Mientras meditaba en estos encuentros, compilaba las verdades, pero casi siempre mucho después del momento en que habían ocurrido. La mayoría de estos eran como rompecabezas que parecían caer en mi regazo para ser resueltos. Creo que el proceso de encontrar la verdad es muy valioso, por lo que trato de incluirte en ello de la manera más auténtica posible. Es como aprender a confiar en que Dios siempre está haciendo algo. Él siempre tiene un propósito, dentro de un propósito, al interior de un propósito. Son verdades en multiplicidad de capas y cuando miramos, encontramos más y más (Proverbios 25:2).

Yo creo sobre todo en el testimonio y en su capacidad para llevar impartición celestial. Creo que los testimonios son como las billeteras del cielo, que llevan riqueza en su interior. Escuchar un testimonio te da permiso para recibir de parte del mismo Dios que le dio a la persona que lo recibió. Dios no hace acepción de personas (Romanos 2:11-16) y entonces, lo que ha hecho por mí, no se lo negará a nadie más. Así que toma lo que necesitas o lo que quieras. Cree en Dios para romper tus límites. Estoy orando para que Dios use mis palabras como contenedores de Su amor, sanidad y cualquiera que sea Su provisión para tu vida.

Los capítulos se dividen en algunos de mis testimonios de los encuentros más importantes. Comienzo con mi encuentro de una visión plena de Jesús, luego paso a mi bautismo en el Espíritu Santo, la Cena con el Padre Dios, la Iglesia como familia y finalmente, los 365 Encuentros que Dios usó para hacerme un hijo y enseñarme a administrar mi herencia.

Conocer a Jesús me liberó de la ansiedad y la falta de propósito. Conocer al Espíritu Santo puso mi vida desde arriba. Conocer a Dios me hizo un hijo amado, y encontrar una iglesia como familia me dio un hogar. El año de los 365 encuentros me enseñó a vivir en la casa con Dios; lo cual está disponible para todos los que están en la propiedad de Dios. Hijos pródigos como yo, hermanos mayores, quienes tienen las manos en el campo e incluso padres amorosos (esta referencia a la parábola de Lucas 14 se explora más en el próximo capítulo). Todos comemos juntos en Su mesa, así que aquí está el lugar donde se cruzan nuestros caminos, sin importar quiénes somos. Todos estos encuentros que comparto me han llevado a una especie de estado de avivamiento interno sostenible que creo que Dios quiere que tenga toda la iglesia. Sé que no puedo hacer eso, pero Él puede, y he sido testigo de que sucedió dentro de mí mismo e incluso de que se ha movido desde mí hasta otros. Oro para que todos lo Conozcan, que toda la creación conozca el gozo de la adopción dentro del Reino de nuestro Dios y que conozcan Su conexión personal con cada uno de nosotros. ¡Estoy aquí para contar el testimonio!

TERCERA PARTE
Encuentros que Me Hicieron Un Hijo

Capítulo 4
Encuentros Con Jesús

Lucas 15

El hijo pródigo de Lucas 15 se parece a menudo al testimonio de muchos de nosotros. Estábamos perdidos, o estábamos en el campo, o habríamos dado cualquier cosa por tener a alguien perdido de regreso en casa. En esta parábola hay muchas historias que se asemejan a los testimonios. Cada personaje y escena gotea redención. Esta historia la puedo ver a través de los ojos o *lentes de* diferentes personajes. Están los lentes del padre, del hijo, del pródigo, los lentes religiosos y así sucesivamente. De hecho, gran parte de mi crecimiento y experiencia con Jesús ha girado en torno a esta historia de Lucas 15, por lo que decidí ayudar a refrescar nuestra memoria y comenzar aquí:

> *"Había una vez un padre con dos hijos. El hijo menor se acercó a su padre y le dijo: "Padre, ¿no crees que es hora de darme la parte de tu patrimonio que me pertenece?" Entonces el padre procedió a distribuir su herencia entre los dos hijos. Poco después, el hijo menor empacó todas sus pertenencias y se fue a mirar el mundo. Viajó a una tierra lejana donde pronto desperdició todo lo que le habían dado en una juerga de vida extravagante e imprudente.*

Habiendo gastado todo y sin tener nada más, le dio hambre, porque había una gran hambruna en esa tierra. Entonces le rogó a un granjero en ese país que lo contratara. El granjero lo contrató y lo envió a alimentar a los cerdos. El hijo estaba tan hambriento que incluso estaba dispuesto a comer los restos de alimento que les daban a los cerdos, porque nadie le daba absolutamente nada para alimentarse.

Humillado, el hijo finalmente se dio cuenta de lo que estaba haciendo y pensó: 'En la casa de mi padre, hay muchos trabajadores que tienen toda la comida que quieren y hasta de sobra. No les falta nada. ¿Por qué estoy muriendo de hambre aquí, alimentando a estos cerdos y comiendo sus desechos? Quiero volver a la casa de mi padre y le diré: "Padre, me equivoqué. He pecado contra ti. Nunca seré digno de ser llamado hijo tuyo. Por favor, padre, trátame como a uno de tus empleados.

Entonces el hijo joven se fue a casa. Desde muy lejos, su padre lo vio venir, vestido como un mendigo, y una gran compasión por su hijo que regresaba a casa se hinchó en su corazón. Entonces el padre salió corriendo a su encuentro. Lo levantó en sus brazos, lo abrazó cariñosamente y lo besó una y otra vez con tierno amor.

Entonces el hijo dijo: "Padre, me equivoqué. He pecado contra ti. Nunca podría merecer ser llamado hijo tuyo. Permíteme ser solamente...

El padre interrumpió y dijo: "¡Hijo, ahora estás en casa!"

Dirigiéndose a sus sirvientes, el padre dijo: "Rápido, tráiganme la mejor túnica, mi propia túnica, y se la pondré sobre sus hombros. Traigan el anillo, el sello de relación filial, y se lo pondré en su dedo. Y saquen los mejores zapatos que puedan encontrar para mi hijo. ¡Preparemos una gran fiesta y celebremos! Porque este amado hijo mío una vez estuvo muerto, pero ahora está vivo otra vez. ¡Estuvo perdido, pero ahora ha sido hallado! Y todos celebraron con gozo desbordante. (Lucas 15: 11-24 TPT)

El discurso que yo había preparado, fue un poco diferente al del Pródigo de esta parábola, pero definitivamente puedo relacionarme con los restos de comida para cerdo, ya que me parecía que eso era todo lo que la vida tenía para ofrecerme. Me sentía excluido de la fiesta de la vida y, a veces, incluso peor, como si no hubiera fiesta alguna y que cualquiera que pensara lo contrario estaba engañado o fingiendo. De alguna manera, estaba atrapado allí, en contra de mi voluntad, tras aquello que pudiera encontrar. No me imaginaba que el infierno pudiera ser peor que esto.

En mi caso, yo no comencé a caminar hacia la casa de mi Padre sino hasta el 2007, pero como el hijo pródigo, tenía un discurso preparado, así Él lo escuchara o no. Ni siquiera estaba seguro de que Él fuera real. Pero una noche Lo llamé. Le dije: "Me puedes tener si me quieres. De no ser así, por favor simplemente, mátame". Luego me puse muy serio y dije: "Prefiero el infierno a la vida, así que adelante, si eso es todo lo que hay". Si Él no era real, sabía que no importaba nada y que yo le estaba hablando al aire. Si lo Era, había decidido que no Lo merecía. ¿Qué me hizo caer tan bajo? ¿Cómo terminé siendo tan pródigo, estando tan fuera de la propiedad de mi Padre?

No Hay Suficiente Para Mi

Al crecer, mi familia nunca se estableció en ningún lado durante el tiempo suficiente como para echar raíces en la familia o la comunidad. Como resultado, éramos más como una familia de amigos. Mi hermano y yo éramos como adultos pequeños. A excepción de los juguetes Lego con los que jugábamos constantemente, a duras penas pasamos nuestra niñez como niños con padres, era como si tuviéramos que ser adultos. No teníamos muchos niños amigos y no hacíamos muchas cosas de niños.

No me malinterpreten, mi madre y mi padre fueron padres maravillosos, pero las dificultades de la vida y la pobreza los ponían de rodillas el ochenta por ciento de las veces. A mi hermano y a mí nos sentaban a la mesa con frecuencia, cuando nos enfrentamos a las muchas decisiones difíciles y a los complejos desafíos que teníamos como familia.

No sé si alguna vez has visitado un país más pobre y te has dado cuenta de que la riqueza no proviene realmente del dinero. Posas tu mirada sobre los rostros de los realmente empobrecidos y pronto descubres la alegría y la despreocupación en aquellos lugares de pobreza extrema. Pero para nosotros, parecía que el problema siempre era el dinero. Recuerdo que me sentí muy sorprendido la primera vez que me di cuenta de esto, mientras visitaba Perú y me invitaron a unas chozas donde me sirvieron una carne que les había costado todo el salario de un mes, sólo porque estaban muy honrados por tenerme allí. Me hubiera gustado haber aprendido esta verdad más tempranamente en la vida, pero con frecuencia y ante la falta de dinero, la cultura norteamericana pareciera ser muy pobre. Eso es todo lo que se necesita para que nos sintamos miserables, incluso sin valor alguno. La pobreza de mi familia, al menos, era causada por la falta de dinero. Nos teníamos el uno al otro, e incluso vivíamos en la playa, pero estábamos agobiados por la culpa y la vergüenza generacionales.

No tener dinero siempre hizo sentirnos excluidos y victimizados a la vez. Teníamos que lidiar con muchas cosas que eran reales. Sin embargo, nuestra mentalidad no estaba ayudando. La vida no se sentía ligera; se sentía muy injusta e imposible. Entre las verdaderas tragedias que enfrentamos y la mentalidad con la que nos acercamos a éstas, parecía que muy tempranamente en mi vida, entrábamos en una espiral descendente. Eso era todo lo que yo sabía.

Muy probablemente, empezamos a ir hacia abajo, por la época en que mi padre se enfermó. Yo tenía sólo tres años cuando mi papá recibió el diagnóstico de VIH. Fue en los años 80, antes de que se supiera mucho sobre el tema, razón por la cual todos supusimos que mi padre moriría en cualquier momento. Los doctores tampoco fueron de mucha ayuda para traer esperanza porque parecía que sabían muy poco. Todo el asunto del VIH era nuevo para entonces y la gente estaba asustada, se tornaba enjuiciadora y era mala con nuestra familia cuando se enteraban de carne que les había costado todo el salario de un mes, sólo porque estaban muy honrados por tenerme allí. Me hubiera gustado haber aprendido esta verdad más tempranamente en la vida, pero con frecuencia y ante la falta de dinero, la cultura norteamericana pareciera ser muy pobre. Eso es todo lo que se necesita para que nos sintamos miserables, incluso sin valor alguno. La pobreza de mi familia, al menos, era causada por la falta de dinero. Nos teníamos el uno al otro, e incluso vivíamos en la playa, pero estábamos agobiados por la culpa y la vergüenza generacionales.

No tener dinero siempre hizo sentirnos excluidos y victimizados a la vez. Teníamos que lidiar con muchas cosas que eran reales. Sin embargo, nuestra mentalidad no estaba ayudando. La vida no se sentía ligera; se sentía muy injusta e imposible. Entre las verdaderas tragedias que enfrentamos y la mentalidad con la que nos acercamos a éstas, parecía que muy tempranamente en mi vida, entrábamos en una espiral descendente. Eso era todo lo que yo sabía.

Muy probablemente, empezamos a ir hacia abajo, por la época en que mi padre se enfermó. Yo tenía sólo tres años cuando mi papá recibió el diagnóstico de VIH. Fue en los años 80, antes de que se supiera mucho sobre el tema, razón por la cual todos supusimos que mi padre moriría en cualquier momento. Los doctores tampoco fueron de mucha ayuda para traer esperanza porque parecía que sabían muy poco. Todo el asunto del VIH era nuevo para entonces y la gente estaba asustada, se tornaba enjuiciadora y era mala con nuestra familia cuando se enteraban de

No Hay Suficiente Para Mi

Al crecer, mi familia nunca se estableció en ningún lado durante el tiempo suficiente como para echar raíces en la familia o la comunidad. Como resultado, éramos más como una familia de amigos. Mi hermano y yo éramos como adultos pequeños. A excepción de los juguetes Lego con los que jugábamos constantemente, a duras penas pasamos nuestra niñez como niños con padres, era como si tuviéramos que ser adultos. No teníamos muchos niños amigos y no hacíamos muchas cosas de niños.

No me malinterpreten, mi madre y mi padre fueron padres maravillosos, pero las dificultades de la vida y la pobreza los ponían de rodillas el ochenta por ciento de las veces. A mi hermano y a mí nos sentaban a la mesa con frecuencia, cuando nos enfrentamos a las muchas decisiones difíciles y a los complejos desafíos que teníamos como familia.

No sé si alguna vez has visitado un país más pobre y te has dado cuenta de que la riqueza no proviene realmente del dinero. Posas tu mirada sobre los rostros de los realmente empobrecidos y pronto descubres la alegría y la despreocupación en aquellos lugares de pobreza extrema. Pero para nosotros, parecía que el problema siempre era el dinero. Recuerdo que me sentí muy sorprendido la primera vez que me di cuenta de esto, mientras visitaba Perú y me invitaron a unas chozas donde me sirvieron una la situación. Por eso, el tema era un secreto familiar. Éste era otro bloqueo entre nosotros y la relación real con los demás. Nos manteníamos en guardia.

Poco después del diagnóstico, mi abuela y mi tía tuvieron un trágico accidente en el que un hombre que huía de la ley se pasó un semáforo en rojo y las mató a ambas. Mi padre nunca se recuperó completamente de sentir el peso de esta pérdida y de su enfermedad. Finalmente, él se quitó la vida. A lo largo de los años, él luchó contra el rechazo, la depresión y la pesadez. Un dolor por encima del que cualquiera pueda imaginar. Irónicamente para todos nosotros, después de todo este tiempo, el VIH no estuvo ni cerca de matarlo, porque su recuento de células T era normal. No, era claro que lo que lo condujo hasta allí fue el peso emocional. Fue la constante amenaza del dolor y la muerte que se volvió insoportable. Yo tenía quince años cuando él se suicidó.

Nosotros estábamos prácticamente preparados para ese momento, porque habíamos cargado con esa amenaza por más de una década. No obstante, mi papá era mi mejor amigo, y toda esta pérdida fue dura para todos. Era algo muy grande para que un niño introvertido y luego un adolescente como yo, lo pudiera superar. Era demasiado.

Mi madre, del otro lado del espectro, era la luz en la oscuridad de nuestra familia. Ella fue y es una de las personas más amorosas e indulgentes que he conocido hasta el día de hoy. Lo que nos faltaba en dinero y alegría, lo teníamos en amor, gracias a ella. Con rasgos muy semejantes a los de una bibliotecaria, ella era introvertida y de cabello rojizo, y cuando la vida se tornaba muy cargada era el estabilizador, una y otra vez. Era como un pegamento que nos mantenía unidos. Lloraba de cuando en vez, pero sabíamos que era fuerte. Lo era a tal punto, que recuerdo un día en que se puso de color amarillo y verde como un banano sin madurar y cayó al suelo después de terminar de lavar los platos. Insuficiencia renal. Nunca lo habríamos sospechado. Ese día ella se veía cansada, pero no como al nivel de un cansancio que amenaza tu vida. Nos quedamos impactados.

Esto fue justo antes de que falleciera mi padre, lo cual incrementó el peso de este aparente ciclo descendente en el que nos hallábamos. Mi madre se recuperó y se sometió a diálisis durante varios años. Ella continuó siendo la luz y eventualmente recibió un trasplante que todavía conserva.

Como probablemente puedas imaginar, no me estaba yendo tan bien con todo esto. A estas alturas, yo ya estaba tomando algunas de las peores decisiones de mi vida. Para entonces, queriendo ser más como mi papá, había estado fumándome sus cigarrillos durante algunos años, sin que mis padres u otras personas lo supieran. Ahora sé que fue un intento de auto medicarme, ya que desde que tenía nueve años estaba plagado de pensamientos suicidas y de ansiedad.

Las drogas y el alcohol no eran muy difíciles de encontrar en el pequeño pueblo playero en el que vivíamos. Empecé con la típica droga de escape como la marihuana. Yo no lo sabía entonces, pero además de la automedicación, yo estaba buscando identidad en todos los lugares equivocados. Entre algunas de las otras personalidades que probé, una de las más peligrosas fue la de traficante de drogas.

Durante este tiempo de mi vida, ya me había intentado suicidar más de una vez y seguía probando varias identidades para ver si alguna de ellas llenaba el vacío que sentía o me traía algún tipo de poder en lo que parecía una vida totalmente victimizada. Esto continuó durante varios años y ninguna identidad me ayudó en realidad. Por supuesto, todas las identidades que probé fueron las de tipos malos: punk, fanático del rock pesado, borrachín irlandés, busca peleas, etc. Finalmente decidí que quería probar ser una persona buena, pero en últimas eso también me dejó sintiéndome vacío. Afortunadamente, esta opción no era tan destructiva como las otras, y duró durante un buen tiempo.

Para mí, ser una buena persona no significaba ir a la iglesia. Para explicarlo, necesito retroceder en mi historia nuevamente, pero básicamente cuando yo era más joven, mi madre nos había llevado a la iglesia. De alguna manera, allá nunca escuché buenas noticias. Sólo recuerdo escuchar que yo era un pecador y que iría al infierno por causa de ello. No puede ser que eso fuera lo único de lo que hablaran, pero eso fue todo lo que yo escuché. Luego, mi madre me dio a elegir cuando tenía diez años más o menos y por supuesto, yo ya no quería escuchar nada más al respecto, por la simple razón de evitar la ansiedad adicional que traía consigo.

A partir de entonces, opté por salirme de la iglesia. Por eso, ser una buena persona para mí significaba que quería que la vida no fuera tan difícil para los demás como lo era para mí. Quería arreglar *lo insuficiente*.

Era noble; era una nueva identidad. Recuerdo claramente el cambio de rumbo. Tal vez porque fue una de las primeras veces en que alguien además de mi madre, pareció creer realmente en mí. Se trataba de mi jefe en una tienda de videos en la que trabajaba. Un día me preguntó: "¿Por qué no vas a la universidad?" Incluso me sorprendió que él pensara que yo pudiera hacer tal cosa. Así que asistí.

Estoy muy agradecido con ese hombre. Se llamaba Kevin. Aunque no me salvé ni encontré lo que estaba buscando, para mí fue un verdadero punto de inflexión, una curva en el ciclo. Una curva que finalmente ayudó a romperlo también, pero desafortunadamente para mí, antes de eso, aún debía superar algunas tragedias.

Cuando comencé la universidad, mi hermano se suicidó. No habíamos sido amigos desde que tenía trece años, pero eso no significaba que era algo a lo que estaba acostumbrado y que pudiera digerir fácilmente. Fue por una jovencita. Él la había conocido y ella jugaba demasiado con él. Nunca le encontraríamos sentido.

Esa mañana hubo un rayo de luz, como una señal, él me dijo que me quería mientras yo salía para mi trabajo en la tienda de videos. Me pregunto si fue Jesús porque Jimmy, mi hermano, nunca decía esas cosas. Para mí esa frase significó el mundo entero. Más tarde, ese mismo día, él mismo se disparó con un arma que ni siquiera sabíamos que tenía. Fue difícil para mí, por supuesto, pero estaba preocupado por mi madre. ¿Cómo lo superó mi mamá?, nunca lo sabré.

Me sentí abrumado al ver a mi madre desmoronándose, sabiendo que necesitaba estar allí para ella más de lo que nunca antes había estado. No podía hacerlo. Había luchado con la adicción a las drogas desde la muerte de mi padre y, por un tiempo, el alcohol tomó las riendas. Yo lo disimulaba frente a mi madre, pero sentí que de alguna manera iba a tener que hacer algunos cambios importantes; el punto era que yo no tenía la fuerza para hacerlos por mi cuenta.

El Señor salió en mi ayuda. Esto desbarata mi teología de varias maneras, pero parece que a Él no le importan mucho las reglas cuando se interponen en el camino entre Él y Sus hijos. El día del suicidio tuve como un destello de luz en el sofá. Ciertamente fue un encuentro, uno que, sin duda alguna, Él me dio para consolarme. No era el primer encuentro que había tenido y no sé con certeza cómo lo llamé en ese entonces, pero ahora sé que sí lo fue, lo sé con certeza. Al amor sin ofensa de Dios por mí no le importó que no Lo conociera. Él vio a un niño pródigo necesitado e hizo lo que ni el padre de la parábola de Lucas 15 podía hacer. Vino a buscarme dentro de mi mundo pródigo.

La visión fue como de una pantalla de televisión que se hizo cargo de mi vista en un momento de encuentro subjetivo. Durante un tiempo que fue desde unos treinta segundos a un minuto completo, vi recuerdos frente a mí de todo lo bueno que había compartido con mi hermano. Las veces que nos reíamos juntos o jugábamos y nos queríamos. El encuentro me hizo llorar por unos treinta minutos y luego, me sentí más capaz de ayudar a mi madre y de estar allí para ella gracias a la riqueza que el encuentro trajo consigo.

Mi madre y yo éramos los únicos que quedábamos de nuestra pequeña familia de cuatro. Los dos nos adaptamos como lo hacen las personas en la tragedia. Nadie sabe realmente cómo se hace eso, pero el hecho es que para los salvos y/o los no salvos, Dios está con nosotros y nos hizo para vencer. No había perdido el impulso de recuperar mi vida, tal vez sentía más convicción de que estaba en el camino correcto. Nadie, incluyendo a mis amigos, logró salir saludablemente de la vida que estábamos viviendo. Muchos tuvieron muertes trágicas prematuras. Habíamos perdido la cuenta. Yo estaba todavía lidiando con pensamientos suicidas diariamente, y un par de días sin un "pase" o alguna cosa que me pusiera arriba se sentía muy duro, pero yo estaba de pie e intentándolo casi que a diario. Tenía un propósito. Era finito, pero fue suficiente para seguir adelante pasando a quienes caían a mi derecha y a mi izquierda como moscas.

Para todos fue una sorpresa, especialmente para mí, pero resulté siendo muy bueno en la universidad. Al principio fue muy difícil, pero quería lograrlo al punto de cambiar la forma en que manejaba mi vida para poder conseguirlo. Cuando iba a la universidad, soñaba con el día en que mi vida no estuviera marcada por la pobreza. Ese era el sueño. Académicamente, me enamoré de la sociología. Sentí que los problemas del mundo no eran diferentes a los míos. Allí vi una imagen que iba de lo macro a lo micro. Al igual que yo, el mundo parecía estar lidiando con la depresión, por lo cual todos mis problemas micro psicológicos parecían ser evidentes en el mundo macro. Un mundo en agitación psicológica. Podía relacionarme con eso. Quería defender al mundo que no podía defenderse a sí mismo. Tan cerca, pero a la vez tan lejos de la verdad.

Cuando terminé mi pregrado, todavía me sentía bastante inseguro financieramente y obtuve una Maestría en Administración de Negocios Internacionales (o MIBA, por sus siglas en inglés. N.T.) En este punto, quería ayudar plenamente al mundo, ser una buena persona, y pensé que podría hacerlo a través de los negocios como en cualquier otro lugar. Además, creía que los negocios garantizarían mi libertad de la pobreza.

En sociología, había salido a flote el tema de economías a escala. Las economías a escala básicamente hacen referencia a que cuando las empresas tienen mucho dinero, si toman una decisión, la economía mundial siente dicha elección. Pensé que, si podía influir en *las economías a escala* para ayudar a aliviar la pobreza, entonces el mundo iba a poder ser un lugar mejor. Fui tras ello e incluso conseguí un trabajo en uno de las organizaciones de liderazgo más grande del mundo de ese entonces. Trabajé en el departamento de consultoría personalizada y teníamos contratos millonarios con los nombres más importantes del mundo de los negocios. Estaba camino a ser la mejor persona que podía ser. Muy bien, pensé. Estaba logrando mi sueño de mi versión de una *buena persona*.

Mi plan era graduarme y escribir un buen libro basado en mi amplio enfoque de investigación sobre *dar para recibir*. Suena hasta cristiano y todo, pero yo había resuelto que las matemáticas lo eran todo. Si podía ayudar a las empresas a dar para recibir, entonces creía que todos ganarían y que la pobreza sería destruida para todas las personas. Era un propósito bastante elevado, pero yo estaba metido con toda, trabajando ochenta horas a la semana. Estaba muy comprometido, y aun así era más de lo que podía manejar; al final de cuentas, el fondo se desprendió. Tampoco era suficiente ser una buena persona.

El Primer Encuentro que Alteró mi Vida

De vuelta en mi apartamento, con mi discurso preparado como el hijo pródigo, permití que una quinta parte de una botella de whisky me durmiera en el suelo. Recuerda que yo le había dicho al Señor que si Él era real, debía matarme, así que realmente esperaba no despertar nunca, pero lo hice. Hasta el día de hoy, todavía me pregunto si, de hecho, Él realmente me mató. Sin duda alguna, esa mañana me desperté con una nueva vida, solo unas horas después de haberme desmayado. No sé cómo el hijo de la parábola de Lucas 15 reaccionó ante la fiesta a la que lo trajeron, pero me llevaría un tiempo entenderlo. Lo único que sabía era que de repente, todo se sentía muy bien. También sabía que no debería sentirme así. Debería haber tenido un guayabo (resaca, N.T) tremendo y doloroso por causa del whisky. Sentía que no merecía aquello, por no decir menos, pero también esto se sentía muy diferente a cualquier otro día que yo hubiera tenido.

Me sentí tan bien que salí a correr y el ambiente era nuevo. Era temprano y no había mucha gente alrededor. El aire estaba lleno de humedad como si una nube de lluvia hubiera tocado el suelo. Era una mañana majestuosa en San Diego, California, donde vivía en ese momento, el sol atravesaba la niebla y la humedad con innumerables rayos de luz y arcoíris en todas partes. Todo se sentía tan vivo, con tonos contrastantes y abundante paz.

Mientras trotaba esa mañana en uno de los parques más bellos del mundo, Balboa Park, tuve un encuentro. Era una visión clara y abierta, pero no como la visión de los recuerdos que me fue dada cuando murió mi hermano. Miré hacia el horizonte en el ámbito natural. Como si salieran de la nada, vi criaturas negras. Parecían estáticas, pero me rodearon en la distancia. Me di cuenta de que eran innumerables demonios, demonios que incluso se parecían a los orcos de El Señor de los Anillos, a excepción de que eran completamente oscuros como el carbón. Mantuvieron su distancia mientras yo trotaba, pero de repente me di cuenta de que se acercaban cada vez más.

Pese al miedo que emergía a rastras, racionalicé lo que estaba viendo. Nunca había visto algo así, y aunque no se sentía tan aterrador como se veía, ciertamente era extraño.

Mi amigo, Blake Healy, autor de *El Velo* y Director de Bethel Atlanta School of Supernatural Ministry (Escuela del Ministerio Sobrenatural de Bethel Atlanta, N.T), ve en el espíritu. Su vida es como una especie de visión abierta. Él describe ver en el espíritu como mirar a través del parabrisas de un automóvil. "Puedes concentrarte en el parabrisas, pero si te enfocas en la carretera, es casi como si el parabrisas no estuviera allí".

Sentía que podía concentrarme en lo que estaba viendo en el espíritu, pero si quería, de todas formas, podía desenfocar lo que veía y simplemente mirar a través de esto. Podía elegir verlos o no. Mi hambre por las realidades espirituales recién había estrenado su lugar en el asiento del conductor, así que me avancé y me metí en lugar de retroceder.

Mientras continuaba trotando, de repente recordé una declaración que había hecho años atrás al momento del suicidio de mi hermano. Esa vez dije en voz baja: "Quiero que cualquier demonio que estuviera allí para torturar a mi hermano, venga a mí ahora y que no entre al mundo. En lugar de irse para allá, vengan a mí".

Sospecho que esa teología era como guiada por Hollywood, dado que siempre me había gustado ver películas. Yo quería proteger al mundo de lo que le había sucedido a él. Mi corazón estaba en el lugar correcto, pero por supuesto, esos demonios acataron mi petición. De hecho, los que estaba viendo parecían ser ellos. Quizás también sumaron algunos compañeros de más.

Yo estaba trotando todavía. Justo cuando estaba a punto de ignorar todo el encuentro y de tratar de desenfocarme del parabrisas, por así decirlo, alguien que estaba trotando pasó a mi lado. No estaba seguro de si estaba en el ámbito natural o espiritual.

Lo ignoré educadamente hasta que comenzó a hablarme. Era Pablo, el de la Biblia.

Mi mente simplemente supo que era Pablo, sin que él me lo dijera. Supongo que mi mente era fructífera, como si hubiera llegado a un punto para el que cual ya estaba preparada. Hasta cierto punto, Pablo estaba vestido con lo que parecía el atuendo bíblico típico. Era un hombre judío que había perdido la mayor parte de su cabello en la parte superior de su cabeza, pero llevaba gafas modernas que probablemente no existían en su época. No sonreía mucho, pero estaba muy tranquilo y parecía muy inteligente. Me encantaría recordar de qué habló. Estoy seguro de que fue valioso, pero de alguna manera, no estaba listo para digerirlo. En mi defensa, yo no tenía ni idea de lo que estaba sucediendo.

Finalmente, Pablo giró hacia un camino lateral. Recuerdo más sobre Pablo que sobre cualquier otra persona que conocí en ese sendero. Pedro, también era judío, alto y muy divertido. Recuerdo que usaba grandes zapatillas de tenis y sus rodillas se elevaban mucho mientras corría. Me hizo reír a carcajadas, lo cual no era muy común para mí en aquel entonces. Yo era una persona estoica con mi Master en Administración de Negocios Internacionales y con mi empleo súper importante. Pensaba que eso era todo lo que me daba valor.

Pedro también tenía ideas.

"¿Ves esos demonios?" preguntó. Lo creas o no, yo prácticamente había olvidado que estaban allí con todo lo que estaba pasando alrededor.

"¡Puedes matarlos!"

"¡¿Cómo?!" pregunté.

"¿Cómo? ¡De la manera que quieras! De hecho, si quieres, puedes inventar armas como en un videojuego. ¡Inténtalo!"

Entonces lo hice. No había jugado videojuegos en mucho tiempo, los únicos que podía recordar eran como los de Sonic the Hedgehog (Sonic, el Erizo, N.T). Luché tratando de pensar sobre mí mismo como un arma, así como en Sonic, acurrucado como en una bola. Finalmente, decidí que los golpearía con un látigo mientras corrían hacia mí, y al hacerlo se hicieron añicos como cristal negro en millones de pedazos. Nunca cesé mis pasos. Seguí trotando.

Luego, los destrocé con una espada, a veces y de una sola, destrozaba a todo un grupo. Se veían muy grandes y retorcidos, pero estaban engañosamente indefensos. Incluso cuando pensaba que me estaban golpeando, nada de lo que hacían lograba su cometido en ningún momento.

Cuando la espada se tornó pesada, probé algunas armas diferentes. De repente me di cuenta de que debía parecer un bicho raro porque estaba haciendo movimientos en el mundo natural mientras atacaba a los demonios en lo espiritual. Ese pensamiento tímido me dio una idea.

¡Si me puedo inventar cualquier cosa, puedo hacer un lanzamiento sónico de mi pie cada vez que toco el suelo! Voy a acabarlos a millares, pensé. Realmente sólo quería evitar la pena de que la gente en el parque me viera haciendo movimientos y ademanes como un loco.

Pedro y yo la estábamos pasando muy bien, pero en algún momento lo perdí de vista, y los demonios seguían viniendo. En breve, se estaban acercando y rompiendo mis defensas.

Justo cuando el asunto se volvió demasiado intenso, Jesús trotó delante de mí. Me miró y me sorprendió la amabilidad de Sus ojos. Siempre había pensado que era crítico. Esa amabilidad fue tan profunda que me di cuenta de que nunca la había visto antes. Iba mucho más allá de cualquier amabilidad que jamás hubiera experimentado. Cuando habló, usó mi primer nombre, pero omitió el "ua". Era muy informal, un apodo, como si fuera de la familia.

"Josh", dijo. "¿Quieres que me haga cargo a partir de aquí?"

Lo pensé y, con una sensación de falsa humildad, dije: "No, está bien, puedo hacerlo. Creo que quiero"

Le di una sonrisa a medias. En retrospectiva, ¡no puedo creer que le haya dicho eso a Jesús! Hasta el día de hoy me provoca una especie de risa nerviosa. Simplemente no la pillé. ¡Él era Jesús! Pero no parecía estar ofendido ni un poquito. Vi cómo seguía trotando por una colina.

Miré más allá de Él y vi un enorme dragón con al menos tres cabezas. Estaba esperando furioso sobre la colina. Seguí corriendo y matando a los demonios. Me estaba cansando y entonces tuve un pensamiento aparentemente aleatorio y recordé el diluvio de la historia de Noé. Pensé, si Dios pudo inundar la tierra, entonces tal vez Él podría inundar el mundo espiritual que estaba viendo en ese momento.

Le pregunté: "Dios, ¿podrías inundar a estos demonios?" y vi cómo se formaron debajo de mí charcos de agua que parecían océanos. Las aguas subieron rápidamente, y respiré hondo cuando pasaron por mi cabeza. Sentí que podría ahogarme, pero luego éstos se elevaron muy por encima de mí con dirección al cielo. Exhalé con un sollozo. Sin haber sido afectado y con alivio, vi cómo los demonios flotaban hacia arriba, muertos por el peso de los violentos océanos que Dios había desatado. Estaban flotando en la distancia hacia el cielo y flotaban por millas. En ese momento supe que nunca podría haberlos matado a todos. Me sentí abrumado por lo incapaz que era yo, y me sorprendió que se me hubiera invitado a intentarlo siquiera.

Aprendiendo a Apoyarme en Cristo para Romper Mis Límites

"Entonces Dios creó al hombre a su imagen; a imagen de Dios lo creó..." Génesis 1:27 énfasis agregado

"Por lo tanto, nosotros todos, mirando a cara descubierta como en un espejo la gloria del Señor, somos transformados de gloria en gloria en la misma imagen, como por el Espíritu del Señor..." 2 Cor. 3:18 (énfasis agregado)

"... Quienes hacen (imágenes de ídolos) se vuelvan como ellos, y ¡también les pasa a los que en ellos confían!" Salmo 135: 18 (NVI énfasis agregado)

"Porque cual es su pensamiento en su corazón, tal es él..." Prov. 23: 7 (RV1960)

Tener la oportunidad de ver con mis ojos la imagen de mis enemigos fue más valioso de lo que podría haber imaginado. Los vi y recuerdo lo que vi. Mucho después, me di cuenta de que al mirarlos aprendí muchas cosas y de que incluso aprendí a derrotarlos al verlos y al ver a Jesús. Observándolos a la luz de la imagen de Cristo, me hizo saber que lo que ellos eran, era aquello en lo que yo me había estado convirtiendo. Ahora estaba clarísimo que yo no me había convertido en Cristo, sino que cada vez me parecía menos a Jesús.

Ver este contraste me preparó para elegir. Déjame explicarte. Había estado enfrentando una ansiedad abrumadora, sumada a la desesperanza y a la depresión. Estas cosas eran miedosas e intimidantes y supuse que no podía superarlas. Sin embargo, cuando vi a estas criaturas/demonios con mis ojos, reconocí que eran las mismas cosas que estaba sintiendo, y que ahora eran espiritualizadas. O tal vez tales cosas, la ansiedad, desesperanza y depresión, eran espirituales, pero se habían naturalizado en mi mente. Se habían manifestado en mi realidad natural.

Siendo justos, yo no estaba hecho plenamente a la imagen del enemigo. Yo tenía la esperanza de vencer la pobreza y de vivir una vida mejor, pero este anhelo incluso se sentía como una molestia constante debido a su incesante tortura. Yo estaba en la bancarrota de la gratitud. Por causa de la mentalidad que tuve durante mi juventud y en mi edad adulta, carecía de cada gramo de ella.

La verdad que intentaban taparme esos demonios con tanto ahínco era también su mayor temor. Cuando lo vi con mis ojos todavía no lo sabía, pero exponía la debilidad de mis suposiciones acerca de su fuerza contra mi vida. Al ver a Cristo y contemplar la bondad en Sus ojos, estaba aprendiendo que mis suposiciones me habían creado una realidad distorsionada. Mi corazón estaba lleno de gratitud por el hecho de que ciertamente Jesús era real.

> *"Entonces la serpiente dijo a la mujer: No moriréis; sino que sabe Dios que el día que comáis de él, serán abiertos vuestros ojos, y seréis como Dios, sabiendo el bien y el mal ". Gen 3: 4-5 (RVR1960)*

Yo no tenía necesidad de comer su fruto para llegar a ser como dios. Yo ya estaba hecho a imagen del Dios verdadero. Ellos habían utilizado la intimidación para hacerme sentir abrumado y solo cuando en realidad, como Eva, yo ya estaba hecho a imagen de Dios. Yo me había rendido ante su idea subhumana de cómo podía ser mi vida. Al parecer, mi mentalidad era como una semilla que se estaba plantando, tendiendo y cuidando en mi corazón y el fruto que de allí brotaba era toda mi desesperanza, ansiedad y depresión.

Sus semillas del conocimiento del bien y del mal fueron el establecimiento de la caída de la imagen de mi vida. Y no es algo nuevo. Se trata de la misma mentira que anteriormente les han estado diciendo a todos mis antepasados y en lo que a mí respecta, simplemente era mi turno de recibir su doctrina de la derrota. Al recibir sus ideas incesantes sobre la esperanza y la vida y ponerme de acuerdo con ellas, yo me había convertido en eso.

Cuando contemplé la bondad contradictoria que vi en los ojos de Jesús, fui levantado y los esquemas malvados fueron expuestos. Yo también estaba equipado con Su imagen, lo cual me permitió ver lo tontas que en realidad son la ansiedad, la desesperanza y la depresión. Son como perros que ladran y no muerden. La verdad era aún más profunda, ya que estos perritos no constituían mi identidad: la des-hacían.

A través de los Salmos observamos cómo David se da cuenta de esto y usa la verdad para poner en su lugar a algunos de sus burladores, "¡*Búrlate de cada burlador* y haz *que todos* sean un completo fracaso! Deja que *ellos* se avergüencen y horroricen de *su* derrota completa" (Salmos 70:3 TPT). No soy el fracaso. Yo no soy el que está avergonzado o derrotado, ¡son ellos! Ahora es *su* turno de estar ansiosos, deprimidos y desesperados.

A medida que soy liberado, ellos son llevados a una esclavitud más profunda. Mis enemigos no son personas u otras religiones, no son ni carne ni sangre, son poderes espirituales y autoridades que me dicen quién soy y que quieren que crea en sus burlas. Tales son los enemigos de mi alma que me habían derrotado y que habían generado a una ansiedad constante; pero Jesús me lleva a Su bondad y gratitud, y por Su bondad, se sana la identidad de mi corazón cuando produce el fruto de su bondad. Jesús es como el árbol de la vida (Prov 13:12, Rev. 22:2), y en definitiva - en miniatura- es la mejor semilla de imagen que haya sido hecha para mi corazón.

Aprendí a dejar que Jesús peleara, pero me tomó tiempo, tal vez años. Hoy en día, ellos hacen todo lo posible para tener una plataforma en mi corazón. Trabajan para decirme cosas sobre cómo puedo tener más unción o algo más. No dejes que nada te persuada de usar tu propia unción cuando Jesús ya te ha dado la Suya. Jesús es todo lo que necesitamos. Él no está limpiando nuestros trapos sucios para que podamos usarlos una vez más. Ya los reemplazó y hemos recibido entendimiento. Necesitamos ser libres de las ataduras relacionadas con que todavía necesitamos ganarnos algo. Necesitamos recibir a Jesús. Al tener los ojos fijos en Él, se expone toda carencia y todo lo que es injusto y se les observa como algo pequeño y fácil de vencer. Él ya lo consiguió todo para nosotros y ahora Nos los ha entregado.

Ver a mis enemigos derrotados se sintió bien, pero la venganza no me corresponde, ya que no la ejecuto ni llevo conmigo ninguna preocupación al respecto. Eso tampoco es para mí. La venganza es del Señor y Él tendrá Su día de furia entusiasta contra todos los enemigos del Reino y su plenitud.

Al pertenecerle a Dios, sé que Él es mi defensa y ay de aquellos ruines poderes y autoridades que se enfrentaron a Su imagen en mí. No se enfrentaron a mí, se enfrentaron a Él. Lo que quiero decir, es que no me gustaría estar en su lugar. He probado la ansiedad en esta vida, como un bocado del infierno en la tierra, pero ellos se *convertirán* en ansiedad por toda la eternidad. Un día, nosotros nos olvidaremos de la ansiedad para siempre. Los ángeles nos preguntarán cómo nos rescató Dios durante el tiempo de nuestra liberación y simplemente señalaremos a Jesús. "Él ha dado a Su Hijo para que pudiéramos ser hijos e hijas" diremos.

Nuestras vidas no se tratan de derrotar al enemigo. Nuestras vidas se tratan de vivir desde la victoria, la imagen de Cristo resucitado con las llaves de la muerte, el infierno, y la tumba. Si pasamos nuestro tiempo en la tierra luchando, nos perdemos de la vida y la victoria que nos han dado.

De ninguna manera. Aquello en que fijo mi mirada es aquello en que me convierto, y estoy contemplando a Cristo Quien es Dios Mismo, hecho a la imagen del hombre, hecho a la imagen de Dios. Jesucristo me abrió el camino para conectarme con Dios Padre, quien me conoce y Quien es el único que me puede decir quién es la persona que Él creó para que yo sea... De Él obtengo mi imagen. Jesús estableció mi identidad eterna y estoy buscando convertirme en ella. No se trata de la pelea en la que estuve. Se trata de la amabilidad en Sus ojos, la alegría que manifestó cuando Me miró, alguien a quien evidentemente amaba. Todavía tengo mucho que aprender, pero esto es un gran avance.

Convirtiéndome en Alguien que Ayuda a los demás a Romper sus Límites

Lo que he visto que Él hace en mí, Él también lo hará en otros. Esto me permite llegar a la mesa que Él ha preparado para cada uno de nosotros y equiparme para su beneficio. Si alguien viene a mí con una historia sobre desesperanza, sé algunas cosas con la que podría estar lidiando. Sí, ciertamente tendrán su propia lista de *verdades* que se estén creyendo. Pero yo puedo dilucidar que esas *verdades* pueden ser simples mentiras. Si puedo ayudarlos a ver la verdad con "V" mayúscula, entonces puedo ayudarlos a manifestar su verdadera imagen. Sé que su porción no es la desesperanza. Ya ves, "... el testimonio de Jesús es el espíritu de la profecía " (Rev 19:10 NKJV). y por eso tengo algo para decir. Al haberme encontrado con Jesús de esta manera, he sido equipado con el don de la profecía, y ese es un regalo que Dios nos da para empoderarnos para liberar a Sus hijos.

Cuando se trata de la profecía, sé que su futuro tiene esperanza (para remitirse a dicha Verdad en la Biblia, ve a Jeremías 29:11). Si los puedo ayudar a ver esto, entonces sé que lo que les estoy dando es la oportunidad de recibir vida. Les estoy dando semillas que pueden producir una buena cosecha de fruto en sus vidas. También estoy haciendo todo lo posible para exponer a los demonios desesperanzados como quienes realmente son los que están destinados a la desesperanza. Les devuelvo aquello y le ayudo a la persona a aceptar en su vida la victoria de Jesús.

Esto también aplica para la cultura de la que formo parte. Si sé que Jesús es mi esperanza de vida, entonces sé que Él es la esperanza de vida para la humanidad. Si mi cultura está lidiando con la depresión o la ansiedad, entonces sé que Cristo es la solución para estas cosas. Micro versus Macro nuevamente. De hecho, todos mis micro avances tienen un macro poder para liberar a las naciones.

Conozco lo que son en realidad la desesperanza, la ansiedad y la depresión y sé lo frágiles que son en el fondo. Hacen todo lo posible para intimidar, pero la imagen que retratan se destruye fácilmente por el acceso que nos dio Jesús. Pedro me dijo que cualquier arma que pudiera imaginar los destruiría y los vi romperse como se quiebra el vidrio. Este encuentro que Dios me dio, me persuadió al respecto plenamente.

Saber que Dios puede hacerlo en mí es saber que puede hacerlo y punto. Ahora sé algo acerca de Quién es Dios. Dios es Quien nos defiende y salva nuestras vidas. Así como inundó esas fuerzas demoníacas que me habían abrumado, también puede hacerlo por la cultura. Al igual que yo, la cultura puede necesitar ver el contraste que yo vi, pero si yo soy dicho contraste, entonces soy parte de una solución muy poderosa.

Oración de Activación

Tómate un momento con cada una de las siguientes preguntas de práctica, con las oraciones y actividades a continuación. Date un mínimo de 3-5 minutos para responder a cada una.

La mayoría de las siguientes herramientas son adaptadas de las herramientas para sanidad interior de los Ministerios Sozo. Puedes obtener más información sobre Sozo en internet en www.bethelsozo.com o buscar un consejero de Sozo en tu área para ayudarte a facilitar estas oraciones y demás activaciones similares. Te recomiendo que busques asesores oficiales de Bethel Sozo que estén certificados para usar las herramientas de capacitación de Bethel. Los encontrarás en la página web mencionada anteriormente. Si en algún momento durante estas oraciones y activaciones sientes que estás atascado o que no está funcionando, entonces te recomiendo que visites a tu consejero local certificado que pertenezca a Bethel Sozo.

Cuando digo Jesús, ¿qué ves, percibes o sientes? Escríbelo.

_____

_____

_____

¿Tuviste problemas para ver o experimentar a Jesús? Si es así, pregúntale por qué. Di: "Jesús, ¿por qué no puedo Verte?" y escribe eso, cualquier cosa que te diga. Si en lugar de verlo, lo que ves es el rostro de una persona, pregúntale a Jesús si necesitas perdonar a esa persona. Si es un muro, pregúntale Si quiere ayudarte a derribarlo. Sigue haciendo preguntas hasta que escuches de parte de Jesús. Tienes derecho a oír de parte Suya. Eres cristiano y Sus ovejas oyen Su voz. Sigue preguntando y creyendo.

_____

_____

_____

Haz el siguiente paso después de establecer esa conexión. Incluso si aún no estás seguro de que sea real. Si es así lo sabrás. Pregúntale ahora: "Jesús, ¿qué piensas de mí?" Escribe lo que te dice.

_____

_____

_____

Si sientes que la desesperanza, la depresión, la ansiedad o cualquier otra cosa se han manifestado en tu imagen, pregúntale qué cree que es mentira. "Jesús, ¿estoy creyendo mentiras sobre mí o sobre Ti?"

_____

_____

_____

Si escuchaste una mentira, asegúrate de preguntarle a Jesús cuál es la verdad y anótala. En caso de ser necesario, haz esto varias veces. Sácalo todo para que puedas estar seguro de que estás creyendo la verdad.

_____

_____

_____

¿Tuviste un encuentro durante este ejercicio? ¿O quieres leer sobre otros encuentros que la gente ha tenido? Visita nuestro grupo de Facebook para contarles a otros al respecto y ayuda a difundir las buenas nuevas. Consulta el Apéndice A de este libro para obtener ayuda para escribir o grabar tu testimonio. Creo que Dios quiere normalizar el estilo de vida sobrenatural de los encuentros diarios y la idea de tener una base de datos de las actividades sobrenaturales de Dios me emociona tremendamente. Oro para que recibas estos regalos de encuentro en abundancia. Consulta el Apéndice A para obtener más información.

Capítulo 5

Encuentros Con el Espíritu Santo

Un Testimonio sobre Ser Dependiente de Dios

Me adelanto un poco en la historia de mi vida. Me salté la parte de mi bautismo en Cristo, algunas dificultades y cambios que atravesé a lo largo de ésta, pero este libro es más sobre mis encuentros que sobre mí. A finales de 2008 tuve un encuentro loco, que me dejó con un nuevo don para hablar en lenguas y con la morada tangible del Espíritu Santo. Ese encuentro me quitó toda mi habilidad para controlar mi vida. Me sentí mental, emocional y físicamente por encima de mi cabeza y aprendí a vivir la vida de esa manera con mayor frecuencia. Me encontraba fuera de mi control y más dentro del Suyo y ha sido el encuentro más radical que he tenido.

Cuando se aproximaba la navidad de 2008, tuve la oportunidad de viajar a La Paz, Baja California Sur en México, a un pequeño y adormecido pueblo que necesitaba ayuda para crear conciencia sobre una nueva iglesia. Fuimos con apoyo financiero y con grandes planes para un festival de Navidad que ayudaría a esa nueva iglesia a ganar impulso entre los habitantes del pueblo. Me invitaron casi que a último minuto, pero aproveché la oportunidad de ver lo que Dios tenía para mí allá. Me apasionaba ayudar, por supuesto, pero era como si supiera que había algo grande para mí allí.

La primera noche que llegamos, el grupo con el que me encontraba asistió a un servicio en la iglesia, pero era en español. No tenía intérprete, así que estuve "perdido" la mayor parte del mensaje. Pensé en quedarme para ser solidario. Todas las personas con las que habíamos viajado estaban allí, aproximadamente 15. Cuando me senté atrás, un amigo me tradujo parte de la prédica. Cerca del final, la pasión se intensificó y a pesar de la falta de traducción, yo me estaba conectando con la emoción del recinto.

De repente, fui interrumpido por una sensación de agua en mis tobillos. La iglesia todavía estaba en construcción, así que miré hacia abajo, preguntándome si habían instalado una tubería nueva que tal vez se hubiera roto, inundando el lugar. No había agua. Nadie más reaccionaba al agua tampoco. Me sorprendió estar en medio de lo que debía ser un encuentro realmente tangible. Esta agua espiritual seguía subiendo hasta mis rodillas y cintura y físicamente podía sentirla todo el tiempo. Me subió al cuello y sentí miedo al hundir mi cabeza. Justo en ese momento, el amigo que me ayudó a traducir parte del mensaje se inclinó y dijo: "Deberías ir. "¡Están haciendo un llamado al altar! "

Para entonces, sentía lo que puede describirse solamente como estar intoxicado por la abrumadora presencia de Dios. Era un bautismo en el Espíritu Santo, pero apenas estaba empezando. Llegué hasta adelante casi que tropezándome, empujando sillas de plástico de un lado al otro. Al estar en la parte delantera y para mi sorpresa, había un hombre que hablaba inglés, el, "Pastor Tom" quien vino a orar por mí. Parecía saber exactamente lo que me estaba pasando. Cuando se me acercó, puso su mano sobre mi corazón sin tocar mi pecho. Dijo: "Hijo, aquí tienes que desactivar el análisis".

Pegó en el clavo porque mi mente estaba buscando desesperadamente un equilibrio, cualquier cosa de la que pudiera aferrarse. Calmé mi mente a petición suya y lo siguiente que dijo fue: "Abre la boca y haz sonidos" Leyó algunas Escrituras de Efesios 6:19 y Hechos 2: 4 para ayudarme a ver que los apóstoles habían primero abierto la boca antes de recibir el habla (el don de lenguas).

Yo lo único que sé es que funcionó y cuando abrí la boca para comenzar, vocalicé un poco, pero luego los sonidos brotaron como un río. Yo estaba distraído por las manos del Pastor Tom, que parecía ser un hidrante de fuego espiritual sin tapón; la intensidad iba en aumento. Tuve que mirar para ver si él me estaba tocando, pero su mano ni siquiera estaba sobre mi pecho. Estaba como a 15 centímetros de distancia. ¡Yo sentía físicamente agua limpia y fresca, que salía de su mano, penetraba mi pecho y me atravesaba! ¡Dio un giro de noventa grados en mi corazón y salió por la coronilla de mi cabeza! ¡Estallando! ¡A todo dar!

Esta no era una visión. Lo había sentido físicamente, pero era evidente que en realidad no había sucediendo en lo natural. En ese momento mi boca iba a millón, con sonidos y palabras que no podía detener. Ahí, sentí que mis pies dejaron el suelo. No estoy seguro de cuándo o cómo terminó. Yo estaba como un hombre borracho, sin poder recordar siquiera cómo fue que regresé a la casa.

Cuando desperté al día siguiente en mi cama, supe que nada sería igual. Dado que soy una persona analítica, mi segundo pensamiento fue preguntarme si aún podía hablar en lenguas. Había oído hablar del don, pero nunca lo quise para mí. Siempre me había parecido un poco confuso. No lo condenaba, tal como indica la Biblia, pero no veía cómo podría llegar a mi vida. Dios quería que me pasara justo de esa manera.

Por alguna razón, no volví a intentar hablar hasta esa noche. Creo que fue porque había mucha gente a mi alrededor durante nuestra estancia en ese lugar. Estábamos todos juntos en la misma habitación y nos desplazándonos en grupo, así que rara vez estaba solo. Era tímido al respecto y todavía pensaba que eso era raro. Honestamente, todavía lo considero así, pero no me avergüenzo de ello como en ese entonces.

Tuve que trabajar al respecto, pero no a costa de mi relación con Dios. Por el contrario, Él estuvo allí, emocionado, risueño y alegre todo el tiempo. La gente estaba emocionada preguntándome sobre el tema, porque habían visto lo sucedido en la iglesia esa noche. En un intento por recuperar la compostura, traté de ignorarlo. Sin embargo, esa sensación en mi pecho apenas se había ido, y sentí que podía llorar en cualquier momento. Toda mi vida me pareció mucho más ligera y hermosa. Esa noche, cuando encontré algo de privacidad, le di una oportunidad y allí estaba. A duras penas podía detenerlo. ¡Era mucho! Como si hubiera estado almacenado dentro de mí, a la espera de ser desatado.

Justo entonces, para mi gran alegría, ¡reconocí lo que estaba diciendo! Mi mente analítica estaba satisfecha ya que mi "sabelotodo" parecía saber lo que estaba diciendo. Me dio por pensar mucho sobre mí. *¡No solamente puedo orar en lenguas, sino que puedo interpretar mis propias lenguas!* ¡Estaba muy animado! Todo fue muy real.

El Espíritu Santo había eliminado todas las conjeturas. Pero me hubiera gustado saber que había un límite de tiempo un tanto extraño. Al cumplirse dos semanas exactas, la interpretación de mis propias lenguas pareció interrumpirse. Todavía podía hablar en lenguas, pero era como si el Espíritu Santo hubiera querido mostrarme que eran reales, dándome ese regalo para que lo viera por mí mismo. Soy capaz de interpretar mis propias lenguas de cuando en vez, pero éste fue un momento muy especial. Este encuentro, como la mayoría de los encuentros, traía consigo un ascenso masivo para mi vida. El momento de la interpretación que Él me dio, selló el regalo de manera positiva para mí.

Aprendiendo a Ser Sobrenaturales

Hay una diferencia entre que el Espíritu Santo te visite, venga sobre ti y que venga a vivir en tu interior. Muchos hablan de esto mejor de lo que yo lo haré aquí. Bill Johnson y Graham Cooke son algunos de mis maestros favoritos con relación a este tema. Bill habla de la paloma que viene a reposar sobre ti por el bien de los demás y a reposar en ti por tu bien. Graham habla de la *cultura de habitar* del Nuevo Testamento, versus la *cultura de la visita* del Antiguo Testamento. Ellos son algunos de mis referentes favoritos.

La mayoría de las personas parecen apuntar hacia Kenneth Hagin y hacia algunos otros cuando se habla del tema y creo que ellos también tienen mucho que ofrecer. No obstante, para ayudarte a resolver las verdades sobre las que deseas establecerte, nada supera una relación real con el Espíritu Santo.

Después de mi salvación, tuve muchos momentos de visitación. Recuerdo que una vez entré en un bar y me sentí como en el lugar equivocado. Se me empezaron a acercar personas que ni siquiera conocía, y me decían que pensaban que yo no debía estar allí. También recuerdo la manera en que dejé de fumar cigarrillo. Olvidé fumar durante tres días completos. Cualquiera que haya fumado sabe que esto es prácticamente imposible. Yo había intentado dejar de hacerlo muchas veces, sin éxito alguno. Y heme allí ese día, en un supermercado realizando mi rutina del día a día. Le pregunté al trabajador del lugar que estaba de turno en la caja, si podía conseguir un paquete de cigarrillos y ¡pum! De repente recordé que no había fumado en tres días. Miré al hombre por un total de 15 segundos antes de que pudiera responder y con la vista puesta en el paquete de cigarrillos, le dije, "Olvídalo, no hay problema, paso esta vez" Nunca más me volví a fumar otro cigarrillo.

Como lo he mencionado antes, hubo otras ocasiones durante las cuales creo que el Espíritu Santo vino sobre mí, aún antes de que fuera salvo, pero Tenerlo en mí era diferente. Me hizo sentir poderoso y valiente. Hice cosas que nunca había creído que fueran posibles, como predicar, imponer las manos sobre los enfermos y mucho más.

Bill Johnson habla acerca de cómo el Espíritu Santo te visitará incluso cuando Lo tengas en ti por el bien de los demás, y ese también parece ser mi caso. Él me visita por el bien de los demás, pero cuando oro también se mueve a través de mí hacia los demás. Esa valentía que Él trae por ser mi Amigo y Confidente de confianza es la fuerza que me ha dado para ser alguien que cambia el mundo.

Parece ser que el Espíritu Santo intercede por nosotros de manera salvaje. Él está orando fervientemente por todos y cada uno de nosotros. Él está orando, Jesús está orando; todo ocurre. Jesús abrió un camino al cielo para que yo pudiera conocer al Padre. El Espíritu Santo me da acceso físico al cielo y a lo que se derrama sobre la tierra. Él es el conducto que me convierte en un recipiente del cielo que camina por la tierra de manera efectiva. Él me invita a desempeñar un papel en lo que está haciendo.

Mi regalo de interpretación de lenguas me dio una idea que puede ser relevante para unos, pero no para otros. Sé que lo fue para mí, pero Dios puede hacer lo que quiera con este regalo, cuando quiera y como quiera. Ciertamente no me siento una autoridad con relación al tema de hablar en lenguas.

El cerebro absorbe miles de millones de bits de información cada segundo, pero creo que sólo nos presenta unos cuantos. Con el hablar en lenguas, sentí que –de cierta forma- mis oraciones tenían acceso a todo, y que podía procesar cosas de mi memoria que ni siquiera recordaba haber visto. Si mi conciencia fuera un iceberg, como se ilustra comúnmente en psicología, entonces estas oraciones llenas del espíritu parecían ir muy por debajo de la superficie del iceberg flotante para revelar las profundidades masivas de la montaña de hielo que yace por debajo y que permiten ver la punta desde la superficie realmente.

Mis oraciones rara vez se centraban en mí mismo, si es que alguna vez ocurrió así. Se enfocaban principalmente sobre alguien más. Con el subconsciente vinculado también, podía compilar detalles "salvajes" sobre su vida que ahora parecían fáciles de identificar. Supongo que si de manera natural, yo pudiera acceder a todo mi subconsciente, me tomaría tiempo descubrirlo y aprender a descifrarlo, pero ahora todo ya estaba allí como si yo fuera un viejo profesional. Mi mente era fructífera, así como cuando de repente se abre un capullo para recibir la luz del sol.

Por ejemplo, en menos de un segundo, veía las líneas de expresión en el rostro de alguien y recordaba un momento de mi vida que de alguna manera me mostraba un dolor que esa persona estaba experimentando en el presente. Con base en esa información, oraba por ellos específicamente. Todo se alineaba como si el velo que había cubierto el asunto siempre, hubiera sido removido y allí estaba yo, viendo cómo ocurría la "magia" mientras todos los engranajes giraban justo delatante de mí. Me sorprendió lo real que era todo. No era magia. Era la realidad.

> *"... y el agua me llegaba a los tobillos... hasta las rodillas... y me alanzaba a la cintura... y era un río demasiado profundo para cruzarlo caminando porque el agua había subido..."* Ezequiel 47 *(fragmentos de los versículos 3-6) (NTV)*

Cuando consideramos la profundidad, es fácil pensar en océanos aislados oscuros y profundos, pero es claro que Dios nos está guiando más profundamente para que podamos ser parte de algo. Para Él, las profundidades son lugares donde los límites de nuestra humanidad se encuentran con la conexión con Su deidad. Él nos conduce a las profundidades para que podamos comenzar a ver cómo confiamos en Él, y para que podamos hacer grandes cosas con Él. Muy por encima de mi cabeza, pude descansar en Sus dones y ellos me acercaron.

Me confió Sus dones para poder darme una salida. No lo sabía, pero había construido una especie de prisión en las aguas poco profundas, utilizando todos mis dones analíticos para apoyarlo. Al darle al Espíritu Santo mi don analítico, Él no lo quitó, sino que me lo dio de regreso sin la jaula que yo le había creado.

Pude ser libre para ir más allá de las profundidades de las cuales me estaba protegiendo, según pensaba. Él me llamó a lo profundo, hacia lo desconocido, para que pudiera estar aún más cerca de Él. Tengo mi ser en Él y nada de aquello a lo cual me invita carece de valor. Puedo confiar en Él.

Oro en lenguas a menudo y creo que incluso cuando no muevo mis labios, sigo orando. Este don no es algo que pretendo entender, pero estoy completamente convencido de su importancia para dirigirme hacia la profundidad en Dios. Entre muchas otras cosas, éste el acceso a Sus lugares más profundos. Muchos milagros han ocurrido a partir de este lugar de dependencia.

Él trajo Su provisión a través de Su Espíritu Santo y me entregó las llaves de Su bodega. Con mis llaves de acceso, tengo más confianza de la que se necesita para compartir que las lenguas son reales e importantes para Dios. Es como si Él hubiera creado un lugar para que yo entendiera algo que mi propia mente natural no podría aceptar. Esto se sintió y se siente como una promoción espiritual masiva y creo que ha derribado mis propias fortalezas de limitaciones que yo había sostenido para mantener la profundidad. ¡Así se siente un aumento en la libertad! Donde está el Espíritu del Señor, hay libertad.

Ser Sobrenatural para los Demás

No hay forma de evitarlo, el Espíritu Santo está aquí para buscar y salvar a los perdidos. Quiere que los ciegos abran sus ojos, que los sordos oigan, que los cojos caminen y que los endemoniados sean libres y vivan. Él es vida y es vida abundante y quiere que todos tengamos todo aquello por lo que pagó Jesús. No tiene miedo de resucitar a los muertos y arruinar un funeral o incluso de incluir bebidas alcohólicas en una boda que de repente se quedó sin ellas. Él es amor y pureza, y aunque no me consulta sobre mis reservas tan a menudo como me gustaría, también es un caballero y está muy dispuesto a sentarse y dejarme aprender.

Yo incluso he entrado a servicios donde no Lo sentía y entonces me pregunté dónde estaba. Él dijo: "aquí Soy un inconveniente" Él siempre es lo que necesitamos, lo consideremos así o no. Me entristece que a veces ponemos las cosas por encima de Él, pero tengo fe en que, como Él hace por mí, nos revelará nuestras fortalezas y debilidades a tiempo. Él ama nuestra ayuda y apoyo, pero no necesita nuestro permiso para efectuar el cambio.

Su perspectiva es infinita, y Él nos la ofrece. Sin duda, no hay nadie en quien podamos confiar más, pero Él parece esperar a que creamos eso con relación a Él. Él quiere que seamos valientes y apasionados por el bien del mundo, que renunciemos por completo a nuestras inútiles cosmovisiones. Él es una llama de fuego sobre nosotros y una corriente fría en nuestro interior. Él está en nosotros para nosotros y sobre nosotros por causa de ellos. Lleva a las personas a campos misioneros, escenarios de películas, oficinas políticas y mucho más.

Él es el compañero que todos nosotros necesitamos, y es Quien nos dará las palabras adecuadas que debamos decir en un momento donde se puede trastocar o darle un giro al futuro. El Espíritu Santo da dones y valor a las naciones y empoderará a las personas para que se conviertan en la iglesia, ya no siendo más la iglesia simplemente un edificio.

Cuando llegue la cosecha de las mil millones de almas que muchos han profetizado durante los últimos treinta años, no habrá suficientes iglesias en el planeta para contenerla. Los que tengan el Espíritu Santo serán los tabernáculos necesarios para ayudar a atraer a los muchos que necesitarán una iglesia. Para muchos, puede que nosotros seamos la única Biblia que alguna vez puedan ver o leer, pero cuando nos miren a los ojos y vean la luz del Espíritu Santo, serán encendidos también. Lo veremos.

Jesús se sentó cuando terminó Su obra, pero nos envió al Espíritu Santo para ayudarnos a hacerlo desde aquí. Sin el Espíritu Santo, no hay poder real. Él es el que trae la verdadera autoridad. Donde el poder corrompe el corazón humano, Él siempre señala a Jesús para que nuestros corazones permanezcan protegidos. Literalmente, con el Espíritu Santo podemos hacer todas las cosas. Él es el don de Dios en nosotros, la manifestación del Espíritu y la actitud de Jesús desde nuestro interior. Nos enseña a ser como Jesús y nos proporciona acceso a los dones celestiales que permiten que así sea.

Oración de Activación

Tómate un momento con cada una de las siguientes preguntas de práctica, con las oraciones y actividades a continuación. Date un mínimo de 3-5 minutos para responder a cada una.

Como indiqué anteriormente, las siguientes herramientas han sido adaptadas de las herramientas de sanidad interior de los Ministerios Sozo.

Cuando digo Espíritu Santo, ¿qué ves, percibes o sientes? Escríbelo. ¿Cómo puedes describir al Espíritu Santo que estás experimentando? Muchos tienen problemas con esta pregunta, probablemente porque no hay muchas representaciones del Espíritu Santo, pero confía en que Él está aquí y te ayuda, incluso te protege.

_____

_____

_____

¿Fue demasiado difícil ver o sentir al Espíritu Santo? Si es así, pregúntale por qué. Di: "Espíritu Santo, ¿por qué no puedo verte?" y escribe lo que te diga. Si ves el rostro de una persona en lugar del Espíritu Santo, pregúntale si necesitas perdonar a esa persona. Si ves un muro, pregúntale si quiere ayudarte a derribarlo y luego derríbalo con Él. Deja que te guíe a través de todo, usando la imaginación que Él creó en ti. Créeme, el Espíritu Santo puede santificar nuestra imaginación para Sus propósitos. Se la damos cuando creemos que Él así lo hará. El punto es seguir haciendo preguntas hasta que escuches de parte del Espíritu Santo y te sientas conectado.

_____

_____

_____

Da el siguiente paso después de hacer esa conexión. Incluso si aún no estás seguro de que sea real. Si es así lo sabrás. Pregúntale: "Espíritu Santo, ¿qué piensas de mí?" Escribe lo que dice sobre ti.

_____

_____

_____

Si sientes que necesitas mantener el control, o que puedes haber malinterpretado o analizado de más al Espíritu Santo o que hay algo así por ahí, pregúntale en qué estás creyendo que sea una mentira. "Espíritu Santo, ¿estoy creyendo mentiras sobre Ti o sobre mí mismo?"

_____

_____

_____

Si escuchaste una mentira, asegúrate de preguntarle al Espíritu Santo cuál es la verdad y anótala. Haz esto varias veces en caso de ser necesario. Sácalo todo para que puedas estar seguro de que estás creyendo la verdad.

_____

_____

_____

¿Tuviste un encuentro durante este ejercicio? ¿O quieres leer sobre otros encuentros que ha tenido la gente? Visita nuestro grupo de Facebook para contarles a otros al respecto y para difundir las buenas noticias. Consulta el Apéndice A de este libro para obtener ayuda para escribir o grabar tu testimonio. Creo que Dios quiere normalizar el estilo de vida sobrenatural de los encuentros diarios y la idea de tener una base de datos de las actividades sobrenaturales de Dios me emociona infinitamente. Oro para que recibas estos dones de encuentro en abundancia. Consulta el Apéndice A para obtener más información.

Capítulo 6
Encuentros Con Dios

Cena con Dios

Después de recibir el don de orar en lenguas, las cosas se tornaron muy difíciles en mi vida. Espiritualmente estaba arriba, pero simultáneamente mi vida prácticamente se volvió más complicada que nunca. Perdimos por completo un negocio sin ánimo de lucro al que le había estado yendo muy bien. Yo había pensado que ese negocio era todo lo que me deparaba mi futuro cristiano, pero en cambio llegó un final abrupto e injusto. Estaba muy confundido. Lo que yo pensaba entender sobre ser bendecido y sobre el amor de Dios ahora me parecía un cuento de hadas. El rechazo, un tema común en mi vida antes de Cristo, pareció resurgir como vencedor pleno.

Financieramente lo perdí todo, y hacía lo que estaba al alcance de mis manos, manteniendo mi esperanza a través de mis tarjetas de crédito. Como si esto fuera poco, me fracturé el brazo y de repente tuve la necesidad de tomar analgésicos. Pese a que tenía al Espíritu Santo allí, habiendo sido adicto a los opiáceos durante años, yo no quería volver a abrir esa puerta y tenía miedo. Agotado por el rechazo y abrumado por cada detalle de la realidad, me quería morir de nuevo. No existía ni la menor posibilidad de que quisiera volver a la vida que había conocido antes de Cristo, pero tampoco veía una salida hacia adelante. Este era otro tipo de presión abrumadora.

Justo antes de fracturarme el brazo, me di cuenta de que no podía pagar mi renta y que necesitaría vender todas mis cosas para vivir casi que literalmente como un habitante de la calle. Un compañero de trabajo de la organización sin ánimo de lucro me pidió que me fuera a vivir con él cuando descubrió que iba a perder mi apartamento. No me lo esperaba. Él era un amigo, pero era un hombre hispano con una familia numerosa. Se me estaba acercando – a mí, un hombre blanco extraño sin familia alguna- y él no iba aceptar un no por respuesta.

No obstante, yo ya había recibido tanto rechazo para entonces que el hecho de que él me acogiera no contaba demasiado. Incluso llegué a pensar que tal vez lo hacía por penitencia o algo así. Pese a todo, acepté. ¿Qué otra opción tenía? Le di a su familia todo lo que poseía, pero lo que él me iba a dar era mucha más generosidad de lo que yo hubiera podido imaginarme.

Mi brazo estaba fracturado cuando él me acogió. Me dio la bienvenida a su casa de tres habitaciones y me mostró la que sería mi propia habitación. Toda su familia, tres niños pequeños, dos adolescentes y su esposa, todos iban a dormir en las otras dos piezas. Él me invitó al interior de su familia.

Antes de continuar, tengo que retroceder para contar una pequeña historia paralela. Dios me había pedido que comprara un libro que veía constantemente, llamado *El Desafío del Amor*. En ese momento, la película, *Fireproof (A prueba de fuego, N.T)*, acababa de estrenarse, y de alguna manera dicho libro relacionado con la película apareció por todas partes. En la película, el personaje principal usa ese mismo libro para "pasar por fuego" su matrimonio. Recuerdo haber visto la película y el libro en tiendas de alquiler, en los grandes estantes de las librerías cristianas; incluso en el supermercado 7/11.

Se trataba de un devocional de 40 días para parejas casadas para ayudarles a restaurar su matrimonio. Yo estaba muy confundido ante el hecho de que Dios parecía intentar captar mi atención al respecto con tanta frecuencia. Pensaba, "¿Qué voy a hacer con esto?" Después de algún tiempo, decidí enviarle ese libro a parejas casadas, como un acto de "agradecimiento" para apaciguar esa pequeña voz. Me tocaba comprar ese libro cada vez que lo veía. Se sentía como yo tuviera un pequeño ministerio secundario.

Unos meses antes de trastearme a la casa de mi amigo, yo le di uno de esos libros. Retomando entonces el testimonio, allí estaba yo, con habitación propia, en la casa de mi amigo, bajo tratamiento con analgésicos, con todo el peso del rechazo en todas las áreas de mi vida. Con la cabeza gacha, me metí en el baño de la mitad del pasillo y allí, en la parte de atrás del sanitario ¡estaba el libro! *El Desafío del Amor: Un devocional de 40 - días.*

No lo podía creer. Estaba molesto con Dios, "¿Por qué sigues poniéndome este libro en las narices?" Cuando le pregunté, abrí el libro y me di cuenta de que en realidad se trataba de restaurar las relaciones entre personas que se aman y que se han comprometido en un pacto. Se me prendió el bombillo. Me di cuenta de que Dios me estaba invitando a un devocional de 40 días que restauraría nuestra relación de mutua alianza. La esperanza fue vertida en mi corazón, lo suficiente como para despertarme.

Leí ese devocional todos los días junto a mi lectura matutina de la Biblia. Al no tener trabajo, me sumergí en el ayuno y la meditación. Pero la prioridad número uno era ese devocional. Lo conocí – a Dios- todos los días en esas lecturas. Me devoré ese libro. Estudiaba cada versículo que brindaba. Los conceptos eran como vida para mí. Me arrepentí cuando dijo que lo hiciera. Me entregué a él porque la recompensa parecía ser la cercanía de Dios.

El libro fue increíblemente sanador. Dios tuvo que enseñarme una manera de ser diferente, de vivir mi vida antes de que me sintiera aceptado nuevamente. En medio de este libro y de mi plan de lectura bíblica de 365 días, comenzó el año de encuentros del que hablaré en el Capítulo 8.

Más o menos en el día diecinueve del devocional *Del Desafío del Amor*, dice que invites a cenar a tu cónyuge. Yo colocaba a Dios Padre donde quiera que en el libro dijeran cónyuge. No pensé demasiado al respecto en ese momento, así que cené y por treinta segundos pensé en cómo sería sentarme con el Padre Dios. Me distraje con la comida. Pensé: "Listo. Ya invité a cenar a Dios. Excelente. Hecho. Chuleado." Y seguí con mi noche.

Adelantemos el relato rápidamente hasta el día cuarenta: yo ya había completado todo el devocional. Alrededor de las 11 de la noche de esa noche, mi vida cambió de nuevo para siempre. Estaba conduciendo y paré en un semáforo. Justo entonces, de la nada (o tal vez "de todas partes"), ¡escuché la voz audible del Señor!

"Quiero comer aquí".

Su voz era tan fuerte y potente que el parabrisas debería haberse roto, pero no lo hizo. No se parecía a nada de lo que yo había escuchado antes. Supe exactamente dónde era que Él quería comer cuando miré en diagonal al otro lado de la intersección. Era un restaurante de comida rápida de fusión asiática. Estaba un poco sorprendido, pero obedecí, principalmente por miedo.

Entré en el estacionamiento, respiré hondo y me moví rápidamente. Me disponía a ordenar, pero el hombre me detuvo, "Señor, lo siento, pero cerramos a las once".

Todo el rechazo que yo había sentido en mi vida me golpeó de inmediato como si se tratara de una inundación. Podría haber colapsado, pero por algún motivo no lo hice. Pensé que en realidad había perdido la cabeza. Me dije: "Estoy escuchando voces y todo se acabó ahora. He estado teniendo visiones abiertas, hablando en lenguas. ¡Voy a terminar en un hospital psiquiátrico!"

Antes de avanzar demasiado lejos en ese pensamiento, el mismo hombre me detuvo mientras me marchaba. "¡Señor, señor!" Dijo: "Está bien señor, puede comer aquí". Debe haber visto cómo yo arrastraba los pies hacia la puerta en señal de abatimiento. Añadió: "Si no hay problema, acabo de limpiar el área del comedor y mantendré las luces bajas para que no entre nadie más".

Me volvió el alma al cuerpo, por decirlo así, pero antes de que me emocionara demasiado, me di cuenta de que estaba a punto de comer con el Dios del universo. ¡El peso del rechazo fue desplazado completamente por el peso de la Santidad! ¡Iba a pedir comida para Dios! ¡Asombroso!

¿Qué le pides a Dios en un restaurante de comida rápida de fusión asiática? No tenía ni idea, y no sé por qué elegí lo que pedí. Simplemente decidí pedirle a Dios una comida para niños. ¡Lo único que sé es que estaba pensando demasiado en todo! Decidí pedirle sólo una cosa de tomar para que el hombre no pensara que iba a traer a alguien más. Después de ordenar, él trajo el pedido rápidamente en una bandeja. Había una bebida, mi comida de adultos y una comida del menú infantil para Dios. Así como lo oyes.

Al organizar mis servilletas, me empecé a sentir abrumado por Su densa presencia. Decidí usar dos pitillos en mi vaso por si acaso Dios quería un poco. No sabía qué esperar. Entré en el comedor y me senté. Mientras lo hacía, Su presencia tangible me cubrió de la cabeza a los pies. Miré a mi alrededor y me di cuenta de que estaba en un entorno impecablemente limpio. Seguramente el joven que limpiaba había usado una brilladora para el piso porque todo estaba reluciente. Las luces eran tenues y al detallar en la música que tenían puesta en el local, me di cuenta de que estaba escuchando algunas canciones de amor muy cursis de los 70'. Títulos como "Te amaré por siempre" y "mi amor nunca morirá". Respiré profundo y exhalé lentamente para asimilarlo todo. Me di cuenta,

"¡Dios-*está-Romántico-conmigo*!"

Era tan puro y santo. Yo era un hombre al que estaban enamorando. Empecé a comer. Me preguntaba qué pasaría con la comida para niños. Yo la había ubicado frente a mí, y pensé *"tal vez sea consumida por una bola de fuego celestial"*

Como eso no pasó, yo me preguntaba qué hacer con ella, y entonces escuché una pequeña voz en mi cabeza que decía: *"Recuerda al sacerdote"*

Y justo entonces recordé que en la Biblia el sacerdote se comía las ofrendas sacrificiales, y que en el Nuevo Testamento se me llamaba sacerdote. Me torné un poco religioso y me comí hasta el último grano de arroz de esos dos recipientes.

Leif Hetland, un misionero para el mundo musulmán y quien es amigo de mi iglesia, habría llamado a esta escena un "bautismo de amor" (Baptism of Love libro del Leif Hetland). Así es como se siente exactamente. Había sido bautizado en agua con Jesús, en Espíritu con el Espíritu Santo y ahora en amor con el Padre Dios. No me inventé ninguna doctrina a partir de estas experiencias; fue justo lo que me pasó.

No recuerdo nada sobre mi salida o mi regreso a casa. No recuerdo que el Señor me hubiera dicho algo más. No obstante, Él no tenía nada para decir en mi contra. Y eso cambió mi vida de la misma manera en que fue cambiada al ver los amables ojos de Jesús. No hubo frases condicionales con "si", como estas "Si pudieras cambiar esto..." o "Si hicieras esto por Mí..." Nada de eso. No podía dejar de reflexionar una y otra vez sobre lo que Él no había dicho hasta que me di cuenta de que todo lo que sentía era el más profundo amor. Era un amor incondicional. Me di cuenta de que estaba enamorado más allá de mi cabeza. Estaba muy sumergido en el amor del Padre.

Esa era la cena que Él quería tener conmigo. Mejor dicho, esa fue la comida que Él me sirvió. Mientras comía con Dios, Él me dio el amor más incondicional y sanador que te puedas imaginar. Simplemente Me amaba porque Me amaba. No tenía que ver con nada que hubiera o no hubiera hecho. Era romántico conmigo porque me amaba y quería que lo sintiera y supiera que era la pura verdad. Esto se volvió una base para mí. Se convirtió en el suelo sobre el cual iba a tener que crecer cualquier semilla en mi vida porque era más real que cualquier cosa que hubiera conocido. Dios me ama.

El rechazo no tenía posibilidad alguna. Debido a esa cena que tuve con Dios, la soledad y la desesperanza no han podido echar raíces. Estaban listas para devorarme cuando el hombre del restaurante me pidió que me saliera de allí. No sé por qué ese señor se dio la vuelta para invitarme a entrar. Lo que sí sé es que festejé con el amor incondicional de Dios justo delante de mis enemigos. Los vi echados a un lado, muy insignificantes. Vi su verdadera forma, tan pequeña y tan impotente. Olvidé rápidamente que estaban allí. En retrospectiva, sé que estaban allí para que pudiera verlos a la luz de Su amor. Vi que no hay competencia entre el bien y el mal, lo correcto y lo incorrecto; hay vida únicamente. Dios es un Padre que quiere que Sus hijos e hijas regresen a casa la mesa de la vida.

Aprendiendo a Ser Amado

A lo largo de mi travesía, Dios me ha enseñado cómo Necesita todo mi corazón. Me pregunto incluso si Él me dio uno nuevo con el único propósito de que yo pueda recibir de Él. Para ser amado por Dios, no necesito hacer nada, pues Su amor ya fluye hacia mí abundantemente, pero si quiero ser consciente de ello, entonces no puedo permitir ni una pizca de dureza en mi corazón. Dios habla a mi corazón y en el momento en que éste no está suave, ya sea por causa de una dificultad financiera con la que estoy luchando o porque me he ofendido, he cerrado mis oídos de hijo y he puesto muros entre Mi Padre y yo. Tales cosas levantan muros, y aunque Dios me habla a pesar de todo esto, puede que yo no me percate de que ya no lo estoy escuchando a Él.

No estamos en la misma onda. He comenzado, lo que me gusta llamar, un canto fúnebre. Se trata básicamente de una melodía críptica, oscura, llena de tristeza, profunda angustia y/o zozobra. Dios puede entonar este tipo de canto para llegar a mi nivel, pero dicha melodía no está en Su lista de reproducción de música. Él es el Dios de la vida, no de la muerte, y un este tipo de canto es una canción triste y llena de oscuridad.

No es que necesitemos cambiar el canto lúgubre. Como dije, Él cantará contigo. Muchas veces cantamos un canto fúnebre en medio del luto por nuestras pérdidas y el corazón de Dios no se siente ofendido en absoluto por causa de nuestro luto. A lo largo de los Salmos, David solía cantar este tipo de tonada y Dios salió a su encuentro allí, fielmente, para recoger Sus lágrimas. Es una canción triste, pero Dios no tiene prisa de cambiarla. La tristeza es una emoción que Él creó. Dicho canto proviene de nuestro corazón y Dios no está trabajando en nuestros pensamientos, está sanando nuestros corazones. Él siempre está en lo profundo de nuestro interior. Si no puedes Encontrarle, tú eres quien se está alejando de Él. Él no te distanció. Nosotros somos los que tenemos que llevar nuestros pensamientos cautivos para entregárselos, no al contrario. Practicamos la pureza porque Él es puro. Detectamos algo que no está bien, lo sacamos y eliminamos las paredes, y la relación se restaura.

Entonces, ¿qué hace que nuestros corazones sean duros? La falta de perdón es probablemente el motivo número uno, pero también están la dureza de la vida y el trabajo, así como otras cosas. Nuestros corazones parecen defenderse si sufrimos, los dejamos desprotegidos, abusados, maltratados, menospreciados, despreciados y así sucesivamente. Puede ser que hayamos sido atacados, o que nosotros nos hayamos atacado a nosotros mismos. Nuestros corazones, hechos como jardines de vida vibrante, se convierten en una tierra seca y árida; esta condición desértica elimina incluso la capacidad de nuestros corazones de beber bajo la lluvia cuando ésta llega. A veces, el corazón desierto se vuelve tan seco, agrietado y duro que, en lugar de traer sanidad y nutrición, la lluvia causará una inundación destructiva.

En los desiertos que existen en la tierra, los científicos han revelado que el suelo se seca cuando la sal, la luz y el agua dejan de comunicarse entre ellas. Lo estoy simplificando, pero en esencia es así (el sodio, cloruro, fósforo, hidrógeno, oxígeno, etc., dejan de trabajar juntos para crear ecosistemas que sustenten la vida). No difiere mucho de lo que nos pasa en nuestros corazones. Nuestras cabezas razonan nuestros sentimientos o empujan hacia abajo y oprimen nuestra alegría como si no fuera apropiada. De alguna manera, la falta de comunicación detiene la comunión. Desplaza las lluvias cuando llegan. Incluso podríamos ofendernos cuando llueve, ocasionando más daños.

La restauración comienza cuando comenzamos a buscar maneras a través de las cuales Dios está proporcionando y creando una conversación. Dios está hablando, y nosotros, a través de la humildad y la gratitud, tenemos pleno acceso para unirnos a la conversación. Nuestra comunión con la *sal, la luz* y el *agua* brinda un verdadero alivio. Llega una corriente y el jardín de nuestros corazones comienza a resurgir con la promesa del fruto que se avecina. Se restaura la esperanza.

El Desafío del Amor y su devocional de 40 días me ayudó de alguna manera a descubrir los problemas de comunicación que estaba teniendo en mi corazón. Mi corazón, tan seco como un desierto, fue invitado a un proceso de restauración. A estas alturas, yo me pregunto incluso si el asunto de que necesitamos temporadas de desierto para crecer es una mentira. Le dije a mi corazón que abandonara la teología de la temporada del desierto. Si hemos tenido uno, ya hemos tenido demasiados. ¡En cambio, es hora de tener *temporadas de postre!*

¡Perdona tan rápido como llegue la ofensa! Cree tan rápido como aparezca una duda. Canta canciones de alegría en el más oscuro de los agujeros que puedas encontrar. ¿Cómo? Confía y eleva el valor que tenemos para escuchar Su voz. Él está hablando, suministrando la lluvia. Si no escuchamos no sería pecado, pero sí lo estamos haciendo es una tragedia. Al no escuchar, también podemos estar causando un gran daño. Lo necesitamos. Su voz es el aspecto más valioso de nuestras vidas. De la misma manera que un desierto no puede sanar sin una comunión entre los elementos, sin nuestro Padre, no podemos experimentar verdaderamente la integridad.

Él es digno de nuestros oídos y de nuestra confianza. Si debemos razonar, entonces razonemos cuán inútil resulta no confiar Él. Si Él no es nuestro defensor, ¿qué esperanza tendremos? Pero tenemos esperanza. Si hay una ruptura en la comunión, entonces encuentra tu corazón y libéralo de su jaula por medio del perdón o la esperanza. Deja que la fresca y refrescante lluvia penetre en tu suelo y confía en ese proceso. ¡Tu corazón fue hecho para conocer el corazón de Dios y caminar en Él, descubriendo nuevas habitaciones hechas y preparadas solamente para ti!

Dios es amor. Sé amado, porque eres el amado. Sé amado y la comunicación inundará tu mundo desde la habitación del trono. De una verás al Defensor, al Dios Padre para someter a tus verdaderos enemigos. El Abogado, Jesús, hablará frente a otros acerca de tu verdadero valor. El Consolador te traerá un abrazo lleno de la verdad del propósito para el futuro. Necesitas una *temporada* de *postres* de alegría y comunión con el Padre, el Hijo y el Espíritu Santo.

Convertirse En Amor para los Demás

Nuestro mayor privilegio como cristianos es liderar el camino en perdón y en amor. Los cristianos deberíamos ser los primeros en invocar el verdadero valor de los demás sin preocuparnos por nuestra propia apariencia. Con gran frecuencia, cuando la gente ve el verdadero perdón frente a ellos, el velo se levanta y ni siquiera podemos entender nuestras ofensas pasadas. Si te veo perdonar antes de yo hacerlo, o ser fuerte cuando esperaría que fueras débil, eso me conmueve. Tu fuerza me impacta, incluso si tu fuerza es realmente solo Su fuerza brillando a través de ti. De hecho, en medio de ese lugar, sé que es una prueba de Él en ti.

Nuestro recurso más abundante realmente es el amor. No solo es uno de los más valiosos, sino que también es el más abundante. A lo largo de nuestras vidas, y de manera constante nos pasa que nos delegan el rol de dar amor sin recibirlo de regreso inmediatamente. Hemos escuchado que damos para recibir, pero a veces, especialmente cuando el retorno se siente bajo, dejamos de dar. La verdad es que realmente el pozo es interminable. Cuando saben esto, los cristianos lideran. Los líderes recuerdan lo que el Padre Dios hizo por nosotros, dándonos a Su hijo, dándonos un nuevo corazón y comunicándose con nosotros a través de Él. Ellos contemplan su salvación y al hacerlo se provisionan de implementos nuevamente. Nosotros nacimos de nuevo en un amor abundante y al traerlo a memoria, nos damos cuenta de que nunca nos apartamos de la abundancia y de que ese pozo nunca se seca.

Lideramos al mundo desde nuestro amor, nuestro amor incondicional. Desequilibramos los déficits de la pobreza con el amor. Cuando sabemos que somos amados, sabemos que siempre podemos darnos el lujo de amar con valentía, amar sin ser reconocidos. Esto sucede cuando hemos descubierto las alturas, profundidades y longitudes del amor de Dios por nosotros. Cuando otros quieren dañar, pero nos ven haciendo lo opuesto, esto se convierte en una evidencia de que su canto lúgubre no es la única canción que está disponible.

Si ahora sientes la luz del sol, sabes que la fase de canto apesadumbrado que atravesaste, o cualquier otra cosa semejante a ésta, resultó un poco costosa. He estado en temporadas en las que pensé que este tipo de canto era la única melodía que valía la pena cantar, pero cada vez que puedo cantar auténticamente una canción de vida, sé que nací para eso. Todo mi ser cobra vida. Nací para cantar auténticamente la canción de la vida frente a todos. Estoy tan provisto del amor que trae vida que puedo cantar hasta que el mundo entero cante o hasta que por lo menos ellos tengan esa opción.

No estoy hablando de sonreír todo el tiempo ni de nada por el estilo. Estoy hablando de aferrarse a las cosas que te traen vida, y de dejar ir aquello que te pesa y te lleva hacia abajo. Sabemos que hay esperanza, así que permitamos que la haya; hay luz, así que dejémosla brillar; hay un Dios en Quien podemos confiar. ¡Hay un futuro! Podemos cantar, "somos ♪♪ amados♪♪ por el Padre ♪♪" hasta que el mundo escuche y empiece a cantar también.

Oración de Activación

Tómate un momento con cada una de las siguientes preguntas. Date un mínimo de 3-5 minutos para responder a cada una. Con un corazón tierno, persiste en ir en pos de nuestro Padre amoroso. Él no te va a retener nada que sea bueno. Así que ve tras ello.

Cuando digo "Padre", ¿qué ves (un hombre con barba, una luz, un sentimiento de amor, etc.)?

Escríbelo, sé específico. Si no entiendes, pídele claridad a Dios.

_____

_____

_____

¿Dónde lo ves a Él (en una habitación, en la playa, en una visión, en el pasado, etc.)?

Escríbelo, sé específico y si no entiendes, pídele claridad a Dios:

_____

_____

_____

¿Qué está haciendo el Padre allí (está hablando, está sonriendo, te está sosteniendo)?

Escríbelo, sé específico y si no entiendes, pídele claridad a Dios:

_____

_____

_____

Pregúntale a Dios Padre qué piensa sobre ti. Escribe lo que te diga aquí:

_____

_____

_____

Si durante este tiempo con tu Padre Dios aquí, te sientes rechazado, no amado o algo así, Pregúntale la razón por la cual eso que crees es una mentira. "Padre Dios, ¿estoy creyendo mentiras sobre mí o sobre Ti?"

_____

_____

_____

Si escuchaste una mentira, asegúrate de preguntarle al Dios Padre cuál es la verdad y anótala. Haz esto varias veces de ser necesario. Sácalo todo para que puedas estar seguro de que estás creyendo la verdad.

_____

_____

_____

Si no viste, sentiste o percibiste nada durante ninguna de las preguntas anteriores, pero tuviste una experiencia o un encuentro con alguno de los ejercicios anteriores, pregúntale a Jesús o al Espíritu Santo si hay alguien a quien debas perdonar. Si recibe un nombre o ves la cara de alguien, asume que esa es la persona, aunque parezca que no tiene sentido. Por medio de la sangre de Jesús, perdona y libera a esa persona, para romper así los lazos impíos con ellos y limpiar todo lo que dejaste con ellos, pero que ahora necesitas recuperar para vivir una vida plena. Retíralo en oración y recíbelo a través de la sangre de Jesús. Él lo sacrificó todo por ti porque te quería libre y completo, así que hoy, decide ser libre, ser amado.

Ejemplo de oración (decláralo en voz alta si es posible):

En el nombre de Jesús y con Su fuerza y vida, hoy elijo perdonar a _____ (di su nombre o sus nombres). Les devuelvo todo lo que les quité espiritual o emocionalmente. Lo retorno lavado en la sangre de Jesús. Del mismo modo, retomo todo lo que les di espiritual o emocionalmente, también lavado en la sangre de Jesús.

Si has hecho esto, entonces retorna e intenta realizar el ejercicio o los ejercicios nuevamente. Muchos lo experimentarán de manera completamente diferente. Si todavía no vivencias el ejercicio de manera distinta, no te desanimes. Si te resulta útil, pregunta de nuevo si hay algo que te impide ver, oír, o sentir el Padre de alguna manera. Si se trata de una pared, haz preguntas (¿cuál es la pared Señor? ¿Por qué está ahí? ¿Es seguro quitarla? Pregúntale si Él quiere derribarla contigo. Pide una herramienta y pregunta sobre su significado. Muchos necesitan perdonar a sus padres terrenales antes de que puedan encontrar al Padre Celestial. Si eso tiene sentido para ti, a continuación, básate en la oración de ejemplo y usa el nombre de tu padre terrenal y personaliza la oración a profundidad y con sinceridad.

Si aún necesitas ayuda, te recomiendo contactar a alguien cercano a tu área que sea de la red Sozo o que sea un Consejero Cristiano. Halla más información sobre Sozo en internet en www.bethelsozo.com. Pregúntale a los líderes de tu iglesia local sobre la consejería cristiana o si te recomiendan algún servicio en línea o presencial. De lo contrario, tienes a la mano muchos recursos disponibles en internet con comentarios al respecto, declaraciones de fe y doctrina.

¿Tuviste un encuentro durante este ejercicio? ¿O quieres leer sobre otros encuentros que la gente ha tenido? Visita nuestro grupo de Facebook para contarles a otros sobre esto y difundir las buenas noticias. Consulta el Apéndice A de este libro para obtener ayuda para escribir o grabar tu testimonio. Creo que Dios quiere normalizar el estilo de vida sobrenatural de los encuentros diarios y la idea de tener una base de datos de las actividades sobrenaturales de Dios me emociona tremendamente. Oro para que recibas estos regalos de encuentro en abundancia. Consulta el Apéndice A para obtener más información.

Capítulo 7
Encuentros Con Su Reino

Para mí, la iglesia siempre ha tenido muchos encuentros con la verdad y la autenticidad. La iglesia es la Novia. Jesús dio todo por su rescate. Cuando ella esté lista, habrá una boda en el cielo. La iglesia no es un edificio, una denominación, ni nada de eso. Es un pueblo elegido por Dios para la morada de su Espíritu Santo. La iglesia es cada persona en la historia que ha estado en una relación con Jesús. La iglesia es atemporal y no tiene rostro. Es un movimiento; es avivamiento; es el carácter de Jesús, el Reino de Dios y es mucho más.

Mi primera experiencia con la Novia de Cristo fue un poco extraña. Fue aproximadamente dos semanas después de mi encuentro en el parque –el de la visión abierta-, así que aquí estoy retrocediendo nuevamente para luego seguir adelante. Siendo nuevo en la fe, a duras penas recordaba cómo era que funcionaba la iglesia, a partir de mis experiencias con ella durante mi juventud. Ni siquiera asistí allá por la iglesia. Esa vez fui para ver hablar a un amigo.

Varias semanas antes de ese evento, mi vida estaba en la cúspide de la ansiedad. Trabajaba 80 horas a la semana, persiguiendo el sueño de ver cómo el mundo quebrantado se iba a arreglar a través de los negocios y la economía. Estaba trabajando para una de las organizaciones de liderazgo más grandes del mundo y tenía un plan a diez años sobre cómo escribiría un libro y salvaría al mundo. Le iba a enseñar a las grandes empresas cómo ser generosas para aumentar las ventas. Era el trabajo de mis sueños.

Lo tenía todo. Estaba trabajando en el departamento de consultoría personalizada, trabajando con las empresas más exitosas del mundo. Pensé que estaba en un gran momento, pero Dios me sacó de eso.

Después de la visión abierta narrada en el capítulo 4, sabía que mi vida había cambiado, pero no entendía cómo. Unas pocas semanas antes de la visión abierta, recibí una llamada telefónica de un amigo con el que había trabajado en una organización sin ánimo de lucro relacionada con servicios comunitarios. Me pidió que lo ayudara a construir un nuevo servicio comunitario sin ánimo de lucro y yo le dije que no estaba interesado. Se ve divertido, pero tengo el trabajo de mis sueños, pensé. Recordé que ambos habíamos dejado ese otro trabajo al tiempo y en la fiesta de despedida, alguien mencionó que él era un "Hombre de paño" (refiriéndose a su vocación como pastor protestante, aunque el término realmente aplica para quienes se desempeñan como sacerdotes, N.T). "¡Me quedé impactado! Llevaba trabajando con él dos años y ni siquiera sabía que era cristiano ni nada parecido.

Después de la visión abierta, volví al trabajo. Sentí un cambio y simplemente no podía trabajar allí. Fue una lucha, porque había pensado que ese era mi sueño, pero de repente ya no era suficiente para mí. Me dieron náuseas, -literalmente- y básicamente ya no podía hacer mi trabajo. Mis supervisores lo notaron de inmediato. Era una carga de trabajo masiva y de repente no estaba tirando de ella. Fue como si no pudiera.

Pasaron unas dos semanas antes de que me dejaran ir. Sabía que iba a suceder, por lo que solo podía pensar en el amigo que me había llamado. Me preguntaba si era un buen orador, porque sabía que, si iniciábamos una organización sin ánimo de lucro, él tendría que hablar la mayor parte del tiempo por nosotros. Recordé el comentario del "Hombre del paño", así que lo llamé y le pregunté si podía visitar su iglesia para escucharlo hablar.

No tenía ni la más mínima idea de lo que Dios estaba haciendo. Ni siquiera me la sospechaba y, por supuesto, mi amigo dijo que sí. Él todo el tiempo supo lo que estaba sucediendo, pero yo pensaba que era una oportunidad de negocio. Recuerdo que me presenté en su iglesia hispana con una especie de maletín, un bolígrafo y un lápiz, listo para tomar notas como en una reunión de negocios. Además, en una reunión de negocios, buscas el mejor asiento y entonces noté algunos asientos vacíos en la parte delantera. Me acerqué a la esposa del pastor, sin saber quién era y le pedí que se cambiara de lugar.

Me sentía como un pez fuera del agua. Comenzaron con la música de adoración y yo estaba confundido. En medio de mis recuerdos de niñez en la iglesia, no estaba esta parte en absoluto. Pero yo había sido músico en una banda de heavy metal, así que fui muy severo con el ministerio de alabanza o como le diría, la banda. Pensé, ¡*¿por qué sólo utilizan tres acordes? y ¿por qué no pasan más tiempo ensayando?!* No podía entenderlo, y finalmente mi amigo pasó al frente para hablar. El mensaje comenzó.

Él habló sobre la "Relación con Jesús" y yo nunca había concebido tal cosa, pero acababa de tener esta visión abierta y por eso ya me preguntaba si Jesús era Quien yo había oído que era hasta entonces. En algún punto del inicio del mensaje, comencé a llorar y no pude detenerme hasta el final. Aunque eventualmente le dimos inicio a esa organización sin ánimo de lucro, esta era la verdadera razón por la que yo había ido. Después del mensaje, me acerqué a él, le agarré drásticamente los hombros y dije: "¡Necesito una de esas!"

Dijo: "¿Una de qué?" con una sonrisa maliciosa

Le dije: "¡Necesito una relación con Jesús!"

Se sonrió porque durante todo el tiempo él supo por qué era que yo estaba allí.

Aprendiendo que Lo que Faltaba era la Iglesia

Lo que me resulto difícil con el tiempo fue, ¿por qué Dios no me usó para ayudar a salvar el mundo? Tenía ese súper puesto de trabajo y estaba laborando con compañías que podrían haber cambiado el mundo económicamente para vencer la pobreza, pero parecía claro que Él me había sacado de esa oportunidad. ¿Por qué? Quería saber, y para empeorar las cosas, la organización que mi amigo y yo levantamos después de ser salvo tuvo finalmente un final injusto. ¿Por qué no quería Dios que yo cambiara el mundo y ayudara a los pobres? Le pregunté al Señor y un día me respondió. Dijo: "Josh, no quiero que salves al mundo. Quiero que mi iglesia lo salve".

La iglesia no era lo que esperaba. Me llevó un buen tiempo darme cuenta finalmente de qué se trataba la adoración. Tuve que acercarme. Sucedió después de que un pastor de adoración descubriera que años atrás había formado parte de una banda de heavy metal y que había sido el guitarrista. Me preguntó una y otra vez acerca de venir a tocar en la banda. Semana tras semana le dije que no podía y sacaba excusas para ser amable.

Pero un día le dije la verdad. Le dije: "la música de adoración es pobre, y ni siquiera entiendo por qué intentan tocar. Es tan aburrida..." Continué y me descargué con él.

Cuando terminé, se detuvo y dijo: "Entonces, ¿quieres venir miércoles al ensayo?" y me entregó algunas tablas de acordes.

No podía creer que él todavía quisiera que yo fuera a tocar, pero suponía que sabía lo que estaba haciendo. Me llevé esos cuadros a casa y cuando aprendí las canciones, comencé a conectarme con ellas. Me pasaba algo. Estaba sintiendo la presencia de Dios. Practicamos y toqué en el altar por primera vez al siguiente domingo por la mañana.

Me conecté inmediatamente con Dios al estar allí arriba. Me di cuenta de que lo que yo había hecho en la banda como niño carecía siempre de ese tercer elemento. En el tiempo de la banda de metal, sólo éramos nosotros y la multitud, pero aquí era algo horizontal y vertical. Era la banda, era la congregación y también era el cielo. Estaba completo. Era lo que faltaba en todo tipo de música que había conocido.

Y así, el péndulo para la música de adoración se balanceó de un lado a otro y borré y boté todos los discos seculares que tenía, para continuar en adelante a favor solamente de los de música de adoración. Sabía que era un cliché, pero de repente la otra música parecía inútil. Siempre he sido un gran coleccionista de música y, por lo tanto, había muchos CD's y cosas así, pero me convencieron. Me había perdido una tercera conexión con el cielo y no iba a dejar pasar otra canción sin ella. Eventualmente, encontré a Dios en la música secular también, pero me llevó tiempo Hallarlo. Dios no vive en nuestras "cajas", Hace lo que le place (Salmos 115:3).

Lo que la iglesia hizo por mí fue que me dio una idea del cielo en la tierra. La iglesia está llena de gente y, por lo tanto, no es el cielo, pero puede llenarse de él. Comprender más sobre la iglesia me ayuda a conectarme con la idea de que Dios realmente quiere Su cielo en la tierra. Él quiere que tengamos lo que tiene, aquí y ahora.

En la iglesia, la gente se sana y es liberada, además de que aprende sobre las Escrituras; se les da una caja de resonancia para las ideas, un lugar seguro para practicar los dones del Espíritu Santo y más. Muchos han dicho –y con razón- que no se supone que sea un lugar perfecto, sino más bien como un hospital para las almas necesitadas que están en recuperación. Cada vez que vengo a la iglesia, tengo la oportunidad de declarar con todo lo que soy que no puedo hacerlo solo. Te necesito, iglesia.

Convirtiéndonos en lo que Otros Necesitan

También cuento esta historia sobre la adoración, porque creo que el mundo está tratando de descubrir cómo divertirse y lograr cosas, tal como yo. Están ahí afuera formando bandas y levantando cosas sin Dios de la mejor manera que pueden.

No es todo lo que hacen. A veces la gente está haciendo cosas directamente malas, pero la mayoría de las veces, están más desubicados, que directamente metidos en la maldad. La mayoría de las drogas y el alcohol son claramente falsificaciones de lo real. Las religiones fuera del cristianismo, las películas, los libros, los juegos, etc., todos apuntan a la necesidad del Salvador. Incluso hacen cosas buenas sin Dios. Es verdad. Pero como yo, probablemente no saben que sería muchísimo mejor con Dios.

La televisión cristiana se ve aburrida. Nuestros servicios se ven litúrgicos y arcaicos, pero si supieran construir con Dios, ellos verían más. Fue como si una ficha del rompecabezas se hubiera perdido y yo hubiera intentado completar el rompecabezas sin ésta, pero al encontrarla, dejé de mentir acerca de que el rompecabezas ya estaba completo y comencé a celebrar la verdadera finalización de éste.

La iglesia puede liderar el camino para hacer esa conexión vertical con Dios. Esa conexión con Dios es infinitamente portátil. Puede ir a cualquier parte y hacer cualquier cosa. Dios no sólo está influyendo en la iglesia, gobierno, negocios, etc.; está invitando a todas las montañas de influencia a la fiesta del carnero gordo de la parábola de Lucas 15 que leímos anteriormente. Si hiciéramos de nuestras vidas cristianas nuestra vida cotidiana con Dios, entonces la disponibilidad de Dios llenaría todo lo que hacemos hasta desbordar. Tenemos que asociarnos con Dios donde quiera que vayamos.

Nuestra herencia es tener a toda la familia de Dios, al Espíritu Santo y a Jesús con nosotros donde quiera que vayamos y es para el beneficio adicional de todos nosotros. Ellos son lo que falta en el trabajo y el juego, las vacaciones y las aventuras. La iglesia nos da esa plataforma para sanar y vivir con la Trinidad en público con apoyo. Es un lugar para aprender a llevar tanto la habitación como la visita de Dios, como dice Graham Cooke. Dios en nosotros para mí y Dios en nosotros para ellos, como afirma Bill Johnson. La vida para el mundo es horizontal, pero no vertical. Creo que tenemos la respuesta que buscan para esa pieza del rompecabezas que les falta en sus vidas. Para nosotros, no se trata de juzgar al mundo. Se trata de amarle. Billy Graham dijo la famosa frase, "El trabajo de Dios es juzgar, el del Espíritu Santo es convencer y el mío es amar."

Oración de Activación

Tómate un momento con cada una de las siguientes preguntas, ejercicios, oraciones y actividades. Date un mínimo de 3-5 minutos para responder cada una.

Cuando digo Iglesia, ¿qué ves, percibes o sientes? Escríbelo.

_____

_____

_____

¿Tuviste problemas para ver o experimentar la Iglesia? Si es así, pregúntale a Jesús por qué (si actualmente siente más conexión con el Padre Dios o con el Espíritu Santo, puedes preguntarle a cualquiera de ellos, simplemente reemplaza "Jesús" con el nombre que vayas a usar). Di: "Jesús, ¿por qué no puedo ver tu iglesia?" y escribe eso, lo que te diga. Si lo que ves es una iglesia anterior o alguna otra iglesia a la que hayas asistido, pregúntale a Jesús si necesitas perdonarla. Si es un muro, pregúntale si quiere ayudarte a derribarlo. Sigue haciendo preguntas hasta que escuches de parte de Jesús. Tu relación con la iglesia es una conexión vital como cristiano. Necesitas poder amar a la iglesia sin preocupación o juicio. La iglesia no es el edificio, es la gente. Muchos han usado sus posiciones para administrar mal el poder que trae consigo. De todas formas, es hora de perdonarlos. Bendícelos y sigue adelante. Escribe lo que te diga Jesús y trabaja con Él.

_____

_____

_____

Si te sientes lastimado por la iglesia, como que no entiendes cómo o qué hará Jesús con la iglesia, pregúntale a Jesús qué estás creyendo que sea mentira. "Jesús, ¿estoy creyendo mentiras sobre la iglesia o sobre Tu amor por tu novia?"

_____

_____

_____

Si escuchaste una mentira, asegúrate de preguntarle a Jesús cuál es la verdad y anótala. Haz esto varias veces de ser necesario. Sácalo todo para que puedas estar seguro de que estás creyendo la verdad.

_____

_____

_____

¿Tuviste un encuentro durante este ejercicio? ¿O quieres leer sobre otros encuentros que ha tenido la gente? Visita nuestro grupo de Facebook para contarles a otros sobre esto y difundir las buenas noticias. Consulta el Apéndice A de este libro para obtener ayuda sobre escribir o grabar tu testimonio. Creo que Dios quiere normalizar el estilo de vida sobrenatural de los encuentros diarios y la idea de tener una base de datos de las actividades sobrenaturales de Dios me emociona tremendamente. Oro para que recibas estos regalos de encuentro en abundancia. Consulta el Apéndice A para obtener más información.

Capítulo 8

Abundancia, Encuentros y Ocupar un lugar como Hijo

Un Año de 365 Encuentros

Con suerte, ya para este punto, le estás creyendo al Señor por más encuentros en tu vida y estás experimentando un aumento en ellos. Hay otro encuentro importante que tuve del que me gustaría hablarte. Este encuentro se compone de muchos encuentros, duró un año completo, y cuando terminó, me dejó en una relación diaria, plenamente cultivada con Dios, lo cual al menos para mí, parece ser la razón número uno de Dios para todos los encuentros.

En la introducción de este libro, mencioné el año en que Dios me dio 365 encuentros que venían acompañados de un plan de lectura diaria de la Biblia y que era uno que mi mamá me había dado muchos años atrás. Por más que quisiera, no puedo escribir un relato de cada uno de los encuentros de ese año, porque para entonces yo no tenía el ánimo suficiente para hacerle seguimiento a todos. La generosidad de Dios es realmente fascinante. Si bien no puedo precisarte detalles de cada uno de esos días, describiré e ilustraré los diferentes tipos de encuentros que experimenté.

Por ejemplo, tuve encuentros *subjetivos* (para ver la definición del término, remitirse al capítulo 1) donde yo fui la única persona que pudo apreciarlos. Una manifestación común de este tipo, fue un día que recibí una revelación que me haría cambiar de dirección. Otros fueron *objetivos*, como cuando una persona se sanaba en la calle después de que me sentía guiado a orar por ellos.

Sentía que nunca sabía cuándo, cómo o dónde Dios me saldría al encuentro. Tampoco sabía qué tanto tiempo se necesitaría o cuánto control tendría, si es que acaso había alguno. Al mantenerme adivinando, el objetivo real de Él era cogerme desprevenido, pero creo que era para mostrarme la naturaleza múltiple de Su carácter de la que habla Pablo en Efesios (Efesios 3:10). El hecho de que siempre fueran tan impredecibles también me hizo sentir a salvo de cualquier idea de que yo era el que los estaba generando. Esa paz era importante para mí, dado que mi mente analítica me hubiera venido a encerrar de considerarlo necesario.

No era tampoco que Él fuera insensible a mi vida diaria. Nunca me sentí realmente avergonzado frente a los demás. Él ciertamente me cuidó durante todo el proceso, pero mis opciones de cerrarme frente a lo que experimentaba fueron un desafío, porque recordaba que había orado afirmando que quería todo de Él. Aparentemente, Él estaba buscando a alguien así, y me di cuenta de que efectivamente está en busca de esas personas. Quería a alguien que Lo recibiera, a cualquier costo. A costa de todo.

Casi todo tenía que ver con la intimidad y con conocer Su Palabra. Este enfoque múltiple también me mostró que Él era el que iniciaba y no yo. Este también es un detalle importante. Dios es el dador; debemos pedir y esperar, incluso poner nuestra vida por Él, pero aquí también entra Dios como el dador. Esta no es una relación unilateral, y si lo fue, ya no lo es. Él no está buscando drones sin una respuesta personal, y que simplemente estén preprogramados con solo sí y no. Él nos está buscando y está en busca de quienes somos. No tiene que ver tanto con lo que Él quiere cambiar. Se trata de las personas que nos creó para que seamos y de la manera en que cuando recibimos de Él, eso se sana y se establece firmemente. Nos está desafiando a mantener Su Palabra en nuestros corazones y a no desviarnos de ella para que estemos plenamente confiados.

Me entregué a Su discipulado, ya que claramente, Él tenía por mostrarme una gran cantidad de verdad. Me permití ser vulnerable a esos encuentros diarios. Me emocioné por ellos. Me sentí como los ángeles en el trono de Dios, exclamando, "Santo, Santo, Santo", una y otra vez. ¡Estaba viendo muchos aspectos de Dios y de Su Palabra y todos eran muy buenos! Cada vez que lo miraba, lo veía de manera diferente, y cada vez ¡era asombroso!

También hubo días en que me sentí muy cerca de estos encuentros, como si olvidara dónde estaba y pensé que nunca volvería. A veces eran momentos, a veces horas, a veces duraban toda la noche. Pero otras veces me los perdí. Miraba hacia atrás y ojeaba los días que había dejado de leer y me daba cuenta de que cada día se alineaba con un encuentro. Él fue fiel, aunque yo no lo fuera. Fue incondicional una y otra vez. Incluso a veces, yo retrocedía y recibía múltiples encuentros a la vez, recuerdos de personas y temas que tuvieron lugar en esos días que me había perdido.

Hubo un aspecto ocasional de pronósticos futuros, donde sospechaba cuáles encuentros podría tener en los próximos días. Cuando llegaba la lectura de ese día, estaba preparado justo para el momento, pero había olvidado la mayoría de mis premoniciones. De todos modos, no siempre tenía razón sobre las cosas, pero la sensación de que podía confiar en que Él me daría más encuentros era aquello que se cimentaba una y otra vez.

¡Visiones, toques, olores! Escuché, vi, me reí mucho en sucesos muy distantes de mi personalidad. Fui levantado, bajado; estaba empoderado, sacudido. Me despertaron y me pusieron a descansar. Me obligaron a quedarme quieto o a correr hacia adelante. Muchas cosas de mi pasado se resolvieron. Fui sanado, entregado; abandoné y adopté muchas ambiciones y aspiraciones. Vi salir a demonios que por generaciones habían estado en mi línea familiar. La vergüenza y la culpa perdieron su control sobre mi alma para siempre. Todavía sé que son opciones, pero no tengo que recibirlas de la manera que lo hice alguna vez. ¡Ese engaño fue expuesto! La fortaleza fue rota para siempre y para bien.

Era algo que me modelaba, formaba y moldeaba, pero que también empoderaba y fortalecía mi núcleo. Cuando mi alma y mi cuerpo comenzaron a encontrar su conexión con mi hombre espiritual encontré fuerza. Todo era relevante, leer mi Biblia o estar haciendo ejercicio. Estas cosas no se podían compartimentar. Yo no era un ser tripartito; simplemente era yo. Mi espíritu, alma y cuerpo fueron el único objeto de Sus afectos como un uno. No estaban en desacuerdo entre sí.

Mi carne se renovó claramente cuando Jesús se levantó de la tumba. Yo salí con Él, no como un individuo en guerra contra mí mismo, sino como una nueva creación. Mi paz interior se estaba estableciendo a través de Su presencia constante. Llegué a un lugar donde eso lo era todo, una y otra vez. Al igual que Moisés, no quería ir a un lugar si Él no venía conmigo. Él es Quien nos completa y todo lo que necesitamos es ser completos. Nada es imposible desde un lugar de plenitud, y estamos con Dios.

Aunque mi mente se conmocionaba con frecuencia, me las arreglé en mi día a día, excepto por las interrupciones ocasionales que se presentaban. A veces me iba para el baño o para otra habitación; me quedaba en casa en lugar de participar en eventos sociales. En 2009 pasé mucho tiempo solo, procesando. Una inversión digna por no decir más. Estaba oculto. Estaba agradecido, pero también luchaba por encontrar un trabajo o un trabajo constante en el negocio que estaba levantando. Eso no parecía una bendición, pero obviamente no lo cambiaría.

Como tiendo a ser una persona introvertida, disfruté profundamente ese tiempo en mi espacio privado, explorando, observando, esperando, y ensayando los momentos poderosos que tuve con el Espíritu Santo. Crecí en mi capacidad de recibir encuentros, y todavía estoy creciendo. Los lugares a los que Él quiere ir son tan profundos que a menudo hay que atravesar muchas capas. Sin embargo, en Su gran amabilidad, Él siempre hizo todo lo posible para preparar mi corazón para los destinos específicos que tenía en mente. Todos y cada uno de los encuentros revelaron cómo Existía en todo: lo majestuoso que Es, lo eterno que Es, todo esto mientras Me enseñaba a cómo estar equipado en la vida.

A menudo, los encuentros eran revelaciones sobre quién es Él o quién era yo, o quiénes eran los personajes de la Biblia. ¡Dios valora claramente la identidad! Quiere solidez en nuestro ser, y podemos encontrarla que cuando nos fijamos en la identidad de la manera en que Él quiere que lo hagamos. La mayoría de estos encuentros involucraron a Dios y a las personas, como los dos mandamientos de amar al Señor y de amar al prójimo. Incluso cuando era sabiduría o una manifestación que involucraba dinero o sabiduría, generalmente tenía que ver con personas. Todo era alarmantemente natural y sobrenatural al mismo tiempo.

Nunca tuve que ver tampoco con temas de ideas a blanco y negro; todo lo contrario. Tuve que renunciar casi que diariamente a mi derecho a comprender antes de recibir el entendimiento, que a veces llegaba meses después. Yo tampoco me aparecía siempre. Hay tantas cosas que todavía me dejan perplejo, y me quedo reflexionando, o entregándoselas a Su sabiduría. Hubo momentos que parecieron muy extraños o muy diferentes a todo lo que he entendido. Él estaba rompiendo mi "caja" y hoy en día continúa haciéndolo, aunque ahora mis raíces son mucho más profundas ya que Él me ha establecido. Si ahora me rompo en pedazos, soy consciente de que Él me volverá a unir aún más fuerte que antes.

Supuse que, si decidía que cualquiera de estas cosas estaba haciendo de mí una autoridad genuina, entonces resultaría siendo una piedra de tropiezo. Dios no estaba estableciendo reglas en mí; Él siempre está estableciendo cosas como la confianza, el amor y la intimidad de mí hacia Él. Estoy abierto a Dios, y creo que constantemente Él me está enseñando a estar más abierto a Él en todas partes. "Expandiendo las estacas de la carpa" como dicen por ahí. Asumiendo territorialmente cada centímetro cuadrado de mi corazón mientras Derrama amor y adoración en todo mi mundo. Dios tiene suficiente amor para todo el universo y si lo dejamos, Él derramará a través de nosotros todo lo que podamos recibir.

Todos estos encuentros fueron, y continúan siendo, una forma de *discipulado experiencial proveniente directamente de la Palabra*. Estaba aprendiendo a hacer lo que entendía que mi Padre había hecho y que Está haciendo. Estaba aprendiendo a participar en Lo que está haciendo y diciendo. Me encontré viviendo las historias, los temas y los mensajes de la Biblia. Realmente no es una gran sorpresa, pero nunca pensé que la Biblia podría ser tan relevante como ciertamente lo es. Se trata simplemente de lo que Dios está haciendo y diciendo en la tierra hoy día. En Ella hay un ritmo también, y era como si Él estuviera cantando sobre mí para que yo pudiera Escucharle todo el año.

Y hoy, todavía parece que estoy viajando con esa canción. Ese es el punto. Él no nos está invitando solamente a un año a bordo. Al contrario, me di cuenta de cuán dispuesto está Él para ayudarme a cultivar una conexión más profunda con Él en mi vida diaria. Él está en todas partes, y nada carece de propósito y significado. Pero incluso cuando el propósito y el significado están fuera de nuestro alcance, Él todavía está allí ofreciéndonos una fiesta de amor y sabiduría, propósito y destino. Intimidad.

¿Cuál es Nuestra Herencia?

Somos la familia de Dios. Sus herederos de todo. Un día será nuestro todo lo que vemos y mucho más que aún no vemos. Estoy seguro de que el cielo no será aburrido en absoluto. Cuando nos llame siervos buenos y fieles, es probable que nos entregue las estrellas en Su mano para administrarlas. Él estará donde quiera que vayamos, Estará con nosotros en completa unión. Lo que nos está dando aquí es una muestra de aquello en lo que nos convertiremos allá.

Sin embargo, hay un pequeño versículo en la oración del Padre Nuestro, que hace que esa realidad lejana esté más cerca de lo que podemos imaginar. Mucho más cerca de lo que a muchos nos hace sentir cómodos. Cuando Él les dijo a Sus discípulos que oraran para que en la tierra fuera como en el cielo, Él no ocultó el cielo de nosotros, Él hizo una promesa de que pudiéramos verlo. ¿De qué otra forma podríamos esperar verlo en la tierra si ni siquiera sabemos cómo se ve en el cielo?

No, Jesús les demostró lo que les estaba pidiendo que vieran. Sanó a los enfermos, cojos y poseídos, así como en el cielo. Amaba como en el cielo. ¿Alguien puede estar enfermo en el cielo? No es posible. ¿Cómo sabemos? Porque Nos lo mostró. Descansó y disfrutó, hizo amigos y dio esperanza. Fue a fiestas de bodas y templos de la iglesia y a mucho más, así como en el cielo.

Nuestras cuentas celestiales no son para el cielo; son para nuestras vidas ahora. Jesús no estaba acumulando riquezas para Su otra vida haciendo un montón de buenas obras en la tierra. Estaba revelando un estilo de vida de unidad con el Padre del cielo. No estamos almacenando riquezas para el cielo, donde las calles están hechas de oro y no hay carencia. ¡No las necesitaremos para entonces! Eso no lo es todo.

Estamos siendo empoderados para vivir una vida de la abundancia de amor en la tierra, tal como Jesús. Nos dan los sonidos de la victoria y esperamos cantarlos en la forma en que conducimos nuestras vidas. Al igual que en el cielo, tenemos a nuestro Padre aquí con nosotros, completamente disponible. Sin dejarnos ni abandonarnos nunca. Está más cerca que un hermano, más cerca que nuestra piel. Él está dentro de los lugares más profundos de nosotros y podemos esperar eso de Él. No es derecho, es fe. El tipo de fe que entrega una herencia muy real y completamente comprada en nuestras manos. Conocer al Padre Dios como Jesús Le conoció es el regalo que trae el cielo a la tierra. Es el conducto, la escalera. Está a la mano.

La fuerza y el poder de Jesús provenían de Su acceso al cielo y al Padre Dios. Jesús vio cosas injustas y anunció la mentira que las había vuelto así. Había visto la verdad incluso desde ambas perspectivas, Su perspectiva de Dios y Su perspectiva humana. Jesús nos mostró cómo vivir desde nuestra herencia. Miró al cielo frente a las multitudes, una y otra vez. Él bajó lo que vio allí, y las manifestaciones le proporcionaron a la tierra la abundancia a la cual Él tenía acceso. Nosotros también tenemos ese mismo acceso que Él tenía. Lo ganó para nosotros cuando resucitó de la tumba.

He visto en mi vida que, al orar por las personas, una y otra vez, ellos perciben mi cercanía a Dios. La esperanza aparece de inmediato, y esa esperanza los dispone para los recursos del cielo. Lo que permitimos que Dios haga en secreto le da permiso para hacerlo abiertamente. Lo que Dios está haciendo en mí es para toda la creación.

Por causa de lo que hizo Jesús, estoy experimentando una realidad sin bloqueos. Es la fiesta del carnero gordo y del hijo pródigo de Lucas 15 y yo la traigo conmigo. Dios ha preparado una mesa donde quiera que vamos y el hecho de aprender a cenar en Su presencia, y los recursos de la esperanza, alegría y amor son nuestro gran suministro para cada situación. Incluso el hermano mayor quería hacer una fiesta. El Padre salió corriendo tras él también. El Padre los quería juntos a todos en la fiesta.

Cuando aprendo a deleitarme en la mesa sin importar dónde esté, empiezo a vivir un estilo de vida de espíritu y verdad. Es la única adoración que vale la pena seguir, del estilo de la que ha estado en algún lugar y ha regresado con la ruptura de las barreras para todos. Una realidad portátil que puedo llevar a cualquier parte y con la cual puedo contribuir. Cuando he recibido abundantemente, tengo abundancia. Es la única forma. Amigos, todos mis suministros personales de esperanza, fe y amor son finitos. Limitados. Pero cuando voy a la mesa que el Señor ha puesto delante de mí hoy, tengo acceso a suministros infinitos.

Para que la Biblia parezca que no es útil para mi vida, tendría que forzarla a ser así. Pero todo lo que está Allí contenido es relevante para nosotros. Es la fuente de Sus pensamientos y la forma en que Él impactó a nuestros antepasados. La Biblia es Su amor derramado en una copa y todos los días estamos invitados a beber del vino y a comer del pan. La Biblia nos ofrece suministros constantes de comunión. ¿Comeremos y beberemos? Eso depende de nosotros. ¿Entraremos en la fiesta de terneros gordos y nos uniremos a ella? Desde entonces, no he dejado de leer la Biblia un solo año. Allí puedo estar seguro de encontrarme con Él. Siempre tendrá algo que darme que Él preparó de antemano para mí.

Tendremos que renunciar a nuestras ideas y mentalidades impotentes, a cosas que nos han impedido recibir Su plenitud. Tendremos que decidir que lo que dice acerca de Sí mismo es realmente cierto. Escuchamos la música; olemos el asador. Es hora de dejar de trabajar y entrar; recibir de nuestra herencia para que podamos vivir a partir de su abundancia en lugar de vivir en pos de ella.

Es más de lo que necesitaremos. Es un universo en constante expansión lleno de las cosas que Él ya ama. ¿Será que esas cosas que crean déficits en nuestras vidas son mentiras que nos quitan el poder y que nos estamos creyendo? Lo son. No hay nada demasiado roto que Él no pueda restaurar, demasiado perdido que Él no pueda encontrar, demasiado oscuro que Él no pueda alumbrar. Su abundancia está ahí para sobrepasar todo eso y más. Lo compartirá todo con nosotros en las profundidades cuánticas de nuestro ser, todo Su amor por nosotros y todo Su amor con todo lo que creó, grande y pequeño. Todo es nuestro y lo es para que lo recibamos. Es mucho, mucho más de lo que necesitaremos para nosotros mismos.

Convirtiéndome en un Hijo para los Demás

Dios no se queda corto en encuentros, amigos míos. Dios está lleno de abundancia y tiene más que suficiente para todos y cada uno de nosotros. Solo dale un vistazo al universo, cuán grande y excesivo es. La ciencia cuántica nos ha mostrado algo así como un espejo de la creación que también va en la otra dirección. Así como el espacio es infinito, parece que la realidad cuántica también lo es. Considera la abundancia de éste, uno de esos planetas que hay por ahí contiene suficientes metales y rocas como para construir tu hogar y todo lo que contiene, más de un millón de veces.

Dios también tiene una gran cantidad de abundancia aquí en la tierra. Todavía nos queda mucho por descubrir en nuestros océanos, tierras y cielos. Sus recursos y suministros no tienen fin, tanto arriba como abajo. Está disponible a cada lado de nosotros. Estas cosas están destinadas a declarárnoslo. Se supone que debemos mirar la creación natural de Dios y descubrir verdades sobre Su naturaleza y la forma en que Piensa. Si estamos prestando atención, una cosa es abrumadoramente clara: ¡Él es abundante!

Con un Dios tan abundante, ¿no será que hemos evitado recibir? ¿Que no es que Él sea tacaño, sino mucho más generoso de lo que podemos imaginar? Tiene que ser así. ¿Dónde está mi corazón en esto? Habiendo tenido una mala experiencia marcada por la carencia, ¿permito que ésta coloree mis demás experiencias? Dios abruma a Sus amantes con Su abundancia cuando esperamos que esté allí. Sin embargo, es un cambio en nuestro pensamiento. Él está en el borde de Su asiento para enseñarnos a ser receptores de Sus abundantes encuentros. Estas lecciones vienen directamente de Él. Es muy emocionante. De hecho, creo que es uno de Sus temas favoritos.

El primer día de mi año de encuentros tuve un sueño. Era la mañana del 1 de enero de 2009. Yo era una versión más antigua de mí mismo en algún lugar en Denver, Colorado, que tengo pendiente visitar, aunque ya lo visité en sueños. Cada quien operaba en sus dones únicos. Todos estaban completamente vivos en Cristo. Todo lo compartíamos juntos también y teníamos todas las cosas en común. No nos habíamos ganado esto trabajando los unos hacia los otros.

Nos los habían dado porque todos estábamos plena y completamente vivos y dedicados a conocer a Cristo personalmente. Nos encontrábamos tan conectados con Jesús individualmente, que - a través de Su unidad- estábamos completamente vivos y conectados entre nosotros. Nuestra individualidad permanecía intacta, pero no era un factor de división porque Su unidad nos hacía uno solo a todos.

El sueño mostró cómo Él estaba estableciendo sin cesar Su múltiple realidad para que nos veamos a nosotros mismos como los individuos únicos que Él nos creó para ser. En última instancia, sólo hay un solo Cristo y Su unidad es lo que nos hará uno a todos. Me estaba mostrando cómo Su deseo de hacernos uno se va a manifestar en la realidad, y a través del sueño Él lo declaró para mi vida. Un asunto de Unidad sin uniformidad. En el sueño, todos éramos únicos, pero estábamos completamente unidos por Jesús.

Para mi alma fue un gran desafío aceptar que esto era posible *dentro de mi propia vida*. Quería hacerlo, pero no sabía cómo. Así como Sara se rio de tener un hijo a una edad tan avanzada (Génesis 18:12), yo me reí de la idea de que la iglesia pudiera ser algo distinto a estar dividida. Esa vida de iglesia podría ser esta realidad abundante. Tuve que intercambiar la forma limitada en que pensaba para dar el salto hacia creer en la abundancia. Esta realidad extremadamente abundante parece muy lejana hoy en día, pero cada vez que lo pienso, soy retado a creer aún más. Estoy siendo <u>estirado</u> y al día de hoy, hay una diferencia en mi capacidad de recibir la unidad que Dios derramará en comparación a como me la dio originalmente. Tal vez como Sara, algún día ayudaré a dar a luz una experiencia de avivamiento en la unidad, pero en ese entonces a duras penas pude creerlo. Honestamente, fue un poco aterrador.

El sueño fue tan real que me desperté sudando. Oí que el Señor me habló internamente y me dijo, "No temas Josh..." pero yo estaba atemorizado.

Él dijo: "...De hecho, cada vez que sientas que el miedo toca a la puerta, quiero que aplaudas tres veces. Cuando lo hagas, haré que *todo el* cielo aplauda contigo" Enfatizó en "todo".

Le di una oportunidad en ese momento, aplaudí tres veces y desde el primer aplauso mis ojos se abrieron a la presencia del cielo a mi alrededor. Fui testigo de todo el cielo aplaudiendo al unísono conmigo. Era estruendoso y ningún miedo podía resistirlo. ¿Por qué pensó tanto en mí? Todavía no lo sé, pero durante ese año aprendí que estaba mal rechazarlo. Nos está dando todo lo que Tiene. Si carecemos de capacidad para recibir, Él también nos ayudará con eso.

La falsa humildad, y todo lo que haga que Su habilidad de darme se cierre, tienen que irse. Puede sonar extraño, pero todavía busco maneras de evitar Sus dones. Todavía encuentro formas de girar para recibirlos también.

Los encuentros no terminaron después de los 365 días. Todavía tengo encuentros frecuentes, pero esos encuentros siguieron ese plan diario de lectura de la Biblia que tenía, día tras día, hasta el final. Además de sentir una profunda conexión con muchos detalles de la Biblia, estaba cultivando una relación diaria con el Señor. Su presencia no me deja.

Sé por qué Moisés no se iba sin Él, y no es una especie de egoísmo. Esto se debe a que fuimos creados para ser amados, y una vez que hemos experimentado Su presencia, debemos tener más para llenar el espacio que creó cuando llegó. Somos hijos e hijas. A medida que lo experimentamos, somos estirados, moldeados y formados para ser más como Él. Él es abundante. Nada puede ser tan abundante como Él, y quedamos con un corazón que sólo puede llenar Él. Con un velo rasgado y con acceso completo, cada momento en que Lo experimentamos nos estira más y experimentamos la realidad del estilo de vida que va de gloria en gloria. Esta es nuestra herencia, nuestra filiación. Es un boleto sólo de ida a una familia unificada. Cuando otros nos ven caminando en contraste con la carencia, lo desean profundamente. Es diferente a cualquier otra cosa que anda por ahí. Fuimos hechos para eso. Fuimos hechos para la abundancia.

Oración de Activación

Tómate un momento con cada una de las siguientes preguntas, ejercicios, oraciones y actividades. Date un mínimo de 3-5 minutos para responder a cada una.

Cuando *te* llamo hijo o hija, ¿qué ves, percibes o sientes? Escríbelo.

_____

_____

_____

¿Tuviste problemas para verte o sentirte como miembro de la familia de Dios? Si es así, pregúntale a Dios Padre por qué. Di: "Padre Dios, ¿por qué no puedo verme en Tu familia?" y escribe eso, lo que te diga. Si ves un tú pasado, que no te gustaba, es posible que debas perdonarte a ti mismo. Si ves a Dios Padre, pregúntale al Padre Dios, si es necesario perdonarle a Él. Si es un muro, Pregúntale si quiere ayudarte a derribarlo. Sigue haciendo preguntas hasta que lo escuches de Dios. Para algunos es difícil admitir la necesidad de perdonar a nuestro Padre Celestial.

Él, por supuesto, no necesita nuestro perdón. Él sabe que no tiene pecado alguno. Sin embargo, lo necesitamos. Necesitamos liberarnos de la falta de perdón que hemos tenido en Su contra. Si te ves como el problema, pregúntale a Jesús por qué daría Su vida por ti. Pregúntale cuán valioso Cree que eres. Dale tiempo para responder.

_____

_____

_____

Si sientes que no hay suficiente y que la pobreza y la carencia te distancian de tu herencia; si sientes que estás distraído por tu trabajo, sin poder descansar o demasiado ocupado, pregúntale a Dios Padre, "Padre Dios, ¿Cómo individuo, estoy creyendo mentiras sobre la abundancia o acerca de Tu provisión para mí?" Escribe lo que Te dice o Te muestra.

_____

_____

_____

Si escuchaste una mentira, asegúrate de preguntarle al Padre Dios cuál es la verdad y anótala. Haz esto varias veces de ser necesario. Pregúntale sobre mentiras y, si las tienes, pregunta acerca de la verdad y entrega a cambio la mentira. Sácalo todo para que puedas estar seguro de que estás creyendo la verdad sobre la abundancia.

_____

_____

_____

¿Tuviste un encuentro durante este ejercicio? ¿O quieres leer sobre otros encuentros que la gente ha tenido? Visita nuestro grupo de Facebook para contarles a otros sobre esto y difundir las buenas noticias. Consulta el Apéndice A de este libro para obtener ayuda para escribir o grabar tu testimonio. Creo que Dios quiere normalizar el estilo de vida sobrenatural de los encuentros diarios y la idea de tener una base de datos de las actividades sobrenaturales de Dios me emociona tremendamente. Oro para que recibas estos regalos de encuentro en abundancia. Consulta el Apéndice A para obtener más información.

CUARTA PARTE
Hay Suficiente

Capítulo 9

El Arrepentimiento es un Estilo de Vida

Nos Arrepentimos

Como cristianos oímos mucho acerca del arrepentimiento, pero lo que más escuchamos hace referencia a éste como un momento de rendición. Un solo momento pasajero. Pero, ¿y si es un estilo de vida? ¿Qué pasa si es una forma de pensar y ser todos los días? Mejor aún, ¡qué tal que también sea algo que te llena de alegría todos los días!

La humillación, el abuso de uno mismo, la penitencia y el odio propio son sinónimos muy inexactos para el arrepentimiento. Tenemos que entender de plano que el arrepentimiento y el castigo tampoco no son sinónimos.

Creo que la idea de "arrepentimiento" se trata de que nuestra mente reciba y haga un pacto con el corazón y los ritmos del cielo. Se trata de nuestra disposición a renunciar a nuestro derecho a entenderlo todo, nuestro derecho a ser perfectos, nuestro derecho a seguir pese a no sentirnos inspirados por nuestra relación con Dios. Se trata de nuestra voluntad de venir a Dios sin nada y admitir que, aunque no tengamos valor sin Él, Él ve valor en nosotros y nosotros vemos y aceptamos que Su valor para nosotros nos hace verdaderamente valiosos.

Se trata de esperar a que el Señor nos enseñe de qué se trata la vida realmente, de dónde viene, cómo hacerla, cómo amarla y cómo ser. La felicidad que proviene de la alegría fluye de la constante revelación de la obra total y terminada de Cristo. Es la victoria completa, y con ella llega una nueva identidad para cada uno de nosotros porque Él comparte personalmente con nosotros cada pieza de ésta, hasta que nos define. El arrepentimiento se trata de recibir esto. Si no podemos recibir del Señor, entonces no podemos arrepentirnos. No hay arrepentimiento sin recibir Su alternativa.

La condena es lo contrario. Es cuando no hay opciones para el cambio. La condena es el lenguaje de las mentiras que habla todo demonio. Pero el arrepentimiento es convicción y nos ofrece una opción redimida para vivir y avanzar, lejos de la corrupción de nuestro estado actual. Si no hay opciones, entonces no es convicción y si no es convicción, entonces no podemos arrepentirnos. Todo lo que podemos hacer es odiarnos a nosotros mismos, y es lo que muchos hacen con todo el corazón.

"Decir que amamos a Dios y odiarnos en secreto es la máxima contradicción. Amar a tu verdadero yo, es amar a Dios". Randall Worley (Tweet de 2018)

No dejes que esta astuta vanidad de odiarte se gane tus momentos. El verdadero arrepentimiento tiene que ver con amarnos lo suficiente como para ser humildes con Dios y con todos Sus caminos. Es más, Él lo mantiene como misterioso *para* nosotros en lugar de mantenerlo en misterio *ante* nosotros, para que podamos alejarnos de tanto orgullo y odio hacia nosotros mismos. Esto puede parecerte de cabeza, pero lo que quiero compartir es que no podemos arrepentirnos si no hay opciones para cambiar. Esas opciones tienen que ver con nuestro buen Dios en todo. Por eso hay tanta alegría en el arrepentimiento. Simplemente se nos pide que seamos más como Su Hijo Jesús. Incluso si pensamos que es imposible, Él no opina igual, o de lo contrario no nos habría enviado a Jesús. Lo que nos resulta imposible de hacer solos, es completamente posible de realizar en una relación con Dios.

Muéstrame Tu Rostro Dios

Nunca olvidaré mi experiencia al leer la Escritura que dice: "Sed, pues, vosotros perfectos, como vuestro Padre que está en los cielos es perfecto". Está en Mateo 5:48 RV1960. Dejé caer mi Biblia dramáticamente al piso y le dije al Señor en voz alta: "No puedo. No puedo ser cristiano y nadie más puede serlo tampoco. Nadie es inocente como Tú".

Lo dije en serio. Pensé que nunca volvería a leer la Biblia. Obviamente, los estándares eran completamente inalcanzables. Acababa de ser salvo. Gracias a lo sobrenatural, ahora sabía que Dios era real, pero con esta Escritura, me sentí convencido de que no podía dar la talla, y que nadie más podía tampoco. No había opciones y Sus estándares eran claramente inalcanzables.

No me equivocaba. Si mucho había pasado una semana cuando asistí a un servicio, pensando que iba para despedirme. Allí, escuché al Espíritu Santo a través de la predicación del hombre. Cuando él dijo el nombre de Jesús, el Espíritu Santo me susurró una verdad sanadora. Dijo: "Jesús era perfecto"

Mi apartamento estaba muy cerca a pie desde esa pequeña iglesia, y dejé el servicio para volver a leer la Escritura donde la había dejado. No podía creerlo. Estaba justo allí en la audiencia de Jesús. Jesús estaba hablando con líderes *religiosos*, personas que eran tan inflexibles, tan rígidas, tan devotas, que habían concebido que seguir las leyes les traía perfección. Creían que eran perfectos en lo que hacían para seguir las reglas, pero Jesús, sabiendo que lo que no se dobla se rompe, sube el nivel y afirma: "... como mi Padre en el cielo es perfecto". Al igual que la escena en la que Jesús les dice que si no han pecado lancen la primera piedra, ellos sabían que este era otro nivel de perfección, inalcanzable a través de nuestro esfuerzo humano.

Lo vi, aunque ellos tal vez no lo hayan visto. Nosotros y ellos estamos perdidos sin Jesús, porque Jesús fue perfecto *por* nosotros. Jesús no estaba manteniendo la perfección *fuera* de nosotros, y por encima de nosotros, lejos de nuestro alcance, sino que *por* nosotros, ya Se había convertido en el sacrificio que no podíamos lograr. Nos entregó Su propia perfección al convertirse en *nuestro* sacrificio. Somos perfectos, incluso como Su Padre es perfecto, porque *Jesús es perfecto*.

No tenemos la capacidad de generar este nivel de perfección. Aunque no pecáramos nunca, si no conocemos la perfección de Jesús, la nuestra sería "como trapos de inmundicia" (Isaías 64: 6). La NVI dice en 2 Corintios 5:21 que "al que no cometió pecado alguno, por nosotros Dios lo trató como pecador, para que en él recibiéramos *la justicia de Dios*". El sistema de sacrificio que Dios le dio a Moisés para el templo no habría tenido fin de no ser porque Jesús es el sacrificio perfecto. La Biblia Mirror (Espejo, N.T) dice en esa misma Escritura: *"Él tomó nuestros pecados y nosotros nos convertimos en Su inocencia".*

¿Será que tal vez ni siquiera entendemos lo que Dios quiso decir con perfecto? Lo equiparamos más o menos con una cuestión de lo correcto frente a lo incorrecto, o del bien versus el mal. Pensamos que tenía que ver con el árbol del conocimiento del bien y del mal, de nuestra propia capacidad de discernir el juicio, pero Jesús era ese Perfecto al que Dios se refería todo el tiempo. Si tenemos a Jesús, entonces tenemos lo perfecto. Si estamos sin Jesús, entonces simplemente estamos sin lo perfecto. Esta no es una comprensión finita del juicio. Aquí, Jesús es el juicio y el Árbol de la Vida que trae vida eterna.

Por eso necesitábamos un nuevo pacto que nos pusiera cara a cara con el Padre eterno. Jesús pagó el precio para que pudiéramos entrar en el Lugar Santísimo, un lugar lleno del rostro perfecto del Padre, para que nos convirtiéramos en aquello que podemos contemplar. El arrepentimiento es esto: convertirnos en lo que contemplamos, y ese viaje es la definición de perfecto de nuestro Señor. Es como una madre que mira a su bebé dar sus primeros pasos, caerse y volverse a levantar. Ella inhala profundamente para soltarlo lentamente. Susurra en voz baja: "Él es perfecto".

Me encanta este versículo de la Biblia Mirror de 2 Corintios 3:18:

"¡Los días de ir a "darse un paseo por las vitrinas" se acabaron! En [Jesús] cada rostro es descubierto. Al mirar con asombro el modelo de Dios que se muestra en forma humana, nos damos cuenta de repente de que estamos mirando en un espejo, ¡donde cada característica de Su imagen articulada en Cristo se refleja dentro de nosotros! El Espíritu del Señor diseña esta transformación radical; somos llevados de una mentalidad inferior al respaldo de la revelación de nuestra identidad auténtica".

¡Ese es un estilo de vida que vale la pena vivir! Esta transformación de arrepentimiento ocurre cuando miramos con intención el objeto de nuestra adoración. ¡Diariamente miramos directamente a Su rostro para morir y resucitar nuevamente a Su imagen! Gracias a lo que Jesús ha hecho, nos convertimos en Él cuando lo adoramos. No es a través de actos u obras; es a través de una conexión relacional con Cristo para que Él dé a luz a Su inocencia dentro de nosotros. El arrepentimiento es renunciar por completo a la noción de que controlamos cualquier cosa más allá de nuestra propia capacidad de elegir a Jesús. Adoramos a Cristo, conocemos a Cristo, nos convertimos en cristo (con "c" minúscula). Este es el estilo de vida del arrepentimiento.

Dios parece definir la perfección como *algo reconciliado con Él*. Reconciliarse, al parecer, es haber recibido la perfección como un regalo. Ya fue terminado antes de comenzar a ser restaurado. La restauración viene después. Podríamos pensar que la perfección es cuando somos completamente como Jesús, pero la perfección ocurre realmente cuando primeramente nos rendimos. Somos perfectos mientras nos transformamos a Su semejanza.

La uniformidad no es perfecta. La belleza no es perfecta y hay muchas definiciones falsas que le damos a esta idea de perfección que no están en la definición de Dios. Sin embargo, una cosa es segura, y es que ser perfecto no tiene nada que ver con nuestro esfuerzo. Es a través de las Escrituras, en historias y temas que van desde Caín y Abel, hasta todo el libro de Hebreos que nos hace un llamado al descanso. En ninguna parte se nos PIDE que nos hagamos perfectos, porque no podemos. Dependemos completamente de Jesús como nuestra fuente de justicia. Y está bien, porque ganamos en grande, no sólo porque se siente como que nos saltamos un paso, sino porque obtenemos a Jesús. Él es nuestro sacrificio perfecto.

Jesús, Mi vida Es Tuya

En Éxodo, Nadab y Abiú, los hijos de Aarón, ofrecieron una "ofrenda extraña" y murieron inmediatamente. En el comentario de la Biblia Amplificada, Frances Siewert nos da la descripción de este tipo de ofrenda. Ella dice que es como si nuestro padre fuera un pintor profesional, y que Nadab y Abihu hubieran venido a añadirle algunas pinceladas a una de sus obras sin permiso. Lo que hicieron era casi que idéntico a otras ofrendas, pero no esperaron las instrucciones de Dios. No, tomaron toda la iniciativa sin ninguna instrucción. Supusieron que no necesitaban la relación que Él estaba ofreciendo a través de los sacrificios. Pensaron que sabían cómo hacerlo y que podían dar ofrendas sin la dirección de Dios. Últimamente he escuchado esta frase de varios maestros, incluyendo a Justin Stockman, que dice: "Querían al Reino sin el Rey".

Frances nos recuerda que muchos de nosotros podemos relacionarnos con lo que ellos hicieron en principio. Esos hijos murieron allí mismo; no había otra manera de reconciliar su intrusión. El asiento del Pintor ya había sido ocupado; el punto era que para ellos no había lugar en el trono eterno de Dios para ser Dios. Creo que Frances Chan fue el que le dijo a alguien que vino a él para quejarse por su experiencia de adoración. Frances respondió: "No hay problema. No te estábamos adorando a ti". Duro, pero al punto.

Cuando emprendemos nuestras vidas cristianas sin fe y adoración, tenemos que tomar decisiones. No pasará mucho tiempo antes de que tengamos que morir de nuevo, porque descubriremos que no hay vida en ese estilo de lo perfecto. Es un pozo finito que estamos comparando con uno que nunca se seca.

Imitar a Jesús tampoco funcionará. Todos estamos invitados a tomar nuestra cruz como Jesús, pero tratar de hacerlo exactamente como Jesús, en lugar de seguir los principios que Él estableció, no nos acercará a Dios. ¿Te imaginarías si alguien se colgara en una cruz en la cima del Monte Gólgota, dentro de la iglesia que ahora se encuentra allí (Iglesia del Santo Sepulcro)? Es ridículo, incluso si esto los tornara perfectos para hacerlo, nos excluiría a todos los demás. No hay relación o invitación para nadie. Un reino sin rey no es una opción.

La cruz ya aconteció. La verdad es que llegamos a ser las personas que Dios nos creó para que fuéramos a través de la vida inspirada que ahora vive en nuestro interior. Solo míralo, y el gozo eterno comienza a desbordarse del suministro abundante de Su rostro.

Obviamente, no todos terminamos viéndonos y actuando de la misma manera. La vida de Cristo no se trata de uniformidad, sino de unidad. Como un prisma muestra una variedad interminable de colores, reflejamos al Señor cuando nos encontramos cara a cara con Él. Donde está el Espíritu del Señor, allí hay libertad.

La vida de Cristo en ti es la oportunidad de ser lo que fuiste creado para ser. No es un marco inmóvil de quien era Jesús, sino una vida dinámica de Él que resucitó para ser a través de ti/de nosotros. Esta es una comprensión mucho más fluida de lo que parecía creer que alguna vez fue aceptable. Sin embargo, este es el estilo de vida al que estamos invitados. Una vida de transformación no supuesta y continua. Un estilo de vida de arrepentimiento.

El arrepentimiento es más como un latido del corazón, una longitud de onda, un ritmo de vida. Es filiación. Es ser moldeable porque Él es nuestro Papito en el cielo. Convertirse en cristiano no debe ser el final de nuestro arrepentimiento, sino el comienzo de éste. Nuestra vida cristiana es un viaje en el que participamos, no un lugar al que llegamos.

El arrepentimiento es un estilo de vida de alegría y maravilla. Adoramos, Lo conocemos, nos convertimos en Él. En ese orden. El arrepentimiento es una forma vulnerable de vivir nuestra vida. Vivimos abiertos a Dios. Esa apertura no es peligrosa. Es el único camino hacia el crecimiento. A veces es dolorosa, pero es la única manera. Incluso es el camino, la verdad y la vida. Tenemos que estar abiertos a ver el rostro de Dios en todo lo que hay porque Él lo hizo todo y todo se reconciliará con Él, aunque nos mate.

Lo he mencionado anteriormente, pero el rostro de Dios nos mata. El rostro de Dios nunca ha dejado de matarnos, y afortunadamente, Dios le advirtió a Moisés que lo haría en el Monte Sinaí, después de pedirle que le mostrara Su gloria. Pero es a través de la resurrección de Cristo que ahora estamos entrando en una realidad eterna de la vida de Cristo.

Sé que morí cuando vi el estándar. Ya no era un cristiano, y me di cuenta de que nadie podía ser "perfecto", como lo había definido mi cultura. Morí frente a esa verdad. Pero Él vino con el regalo que había entregado. "Jesús es perfecto", dijo, y el aliento volvió a entrar en mí cuando miré el rostro del Dios Viviente y adoré. Mi muerte me purificó y me hizo como Cristo a través del arrepentimiento que puso en marcha. Pude vivir y mirar a un Dios real porque hay alguien Perfecto verdadero y nunca se trató de mí en un intento de santificar mi derecho. Siempre fue Cristo dándome el derecho de cambiar y transformarme en Él, Quién era, Quién es y Quién vendrá.

El arrepentimiento es una relación única con el Padre a la cual estamos invitados. Es el lugar donde llegamos a ser lo que estamos leyendo en las palabras de la Biblia. Nos convertimos en la Biblia porque Cristo se convirtió en ella. Este es un estilo de vida de arrepentimiento, no porque lleve toda una vida, sino porque esa es la invitación. La invitación es vivir una vida no planificada por nosotros, sino organizada paso a paso por el Señor Todopoderoso.

Somos invitados a una palabra viva, no a un cadáver inerte, a un Jesús vivo, sentado en lugares celestiales. Incluso ahora estamos allí con Él, pero debemos tener opciones si queremos experimentar algo más de lo que sabemos. Debemos aprender la canción del arrepentimiento a medida que fluye del cielo y cantarla aquí en la tierra.

No habrá suficiente hasta que lo hagamos. Porque no caminaremos en Su propósito para nosotros. ¡Nos perderemos de la meta y por qué habría de ser así! Sabemos que no sabemos, pero si admitimos que no sabemos y confiamos en Él, seremos libres para ser quienes Él Nos hizo. ¡Él es digno de todo, amigos míos!

Oración de Activación

Tómate un momento con cada una de las siguientes preguntas, ejercicios, oraciones y actividades. Date un mínimo de 3-5 minutos para responder a cada una.

Cuando dices: "Me arrepiento", ¿qué ves, percibes o sientes? Escríbelo.

_____

_____

_____

Si dices: "Me arrepiento. Señor Dios, sólo quiero hacer lo que Tú, haces y dices y estoy dispuesto a hacerlo hoy y todos los días. Tú eres mi Señor, Jesús". ¿Qué ves, percibes o sientes? ¿Lo sentiste posible, cercano? ¿Se sintió como algo muy lejano?

_____

_____

_____

Si se sintió como algo muy lejano o imposible, esto es muy normal, pero pídele al Señor que te empodere hoy. Di: "Señor Dios, ¿estoy creyendo una mentira sobre mi capacidad de Escucharte y Verte?" Si dice "sí" pídele que Te enseñe la mentira y luego pídele la verdad que reemplaza dicha mentira y escríbela aquí:

_____

_____

_____

¿Tuviste problemas para sentir un arrepentimiento alegre? Si es así, pregúntale al Señor Dios. Di: "Señor Jesús, ¿por qué no puedo sentir gozo en tu don del arrepentimiento?" y escribe eso, aquello que Te diga. Trabaja al respecto con Él. Sigue haciendo preguntas que Él te incite a realizar. Asegúrate de que tienes el espacio y el tiempo para este ejercicio. Si este no es el momento ni el lugar, anota una hora y lugar para regresar y completar esta parte después. Esto podría ayudarte a comprometerte.

_____

_____

_____

Pregunta: "Señor Jesús, ¿hay mentiras que yo crea sobre Ti como mi Señor?"

_____

_____

_____

Si escuchaste una mentira, asegúrate de preguntarle a Jesús cuál es la verdad y anótala. Haz esto varias veces de ser necesario. Sácalo todo para que puedas estar seguro de que estás creyendo la verdad.

_____

_____

_____

¿Tuviste un encuentro durante este ejercicio? ¿O quieres leer sobre otros encuentros que la gente ha tenido? Visita nuestro grupo de Facebook para contarles a otros sobre esto y difundir las buenas noticias. Consulta el Apéndice A de este libro para obtener ayuda para escribir o grabar tu testimonio. Oro para que recibas estos regalos de encuentro en abundancia. Consulta el Apéndice A para obtener más información.

Capítulo 10
Hay Suficiente

Desarrollando una Mentalidad de Abundancia Acerca de los Encuentros

El otro día, a primera hora de la mañana, tuve una visión abierta. El Señor abrió un tablero borrable frente a mí, pero estaba inclinado. Con un marcador "Sharpie", escribió sobre éste: "Bueno, Mejor y lo Mejor" desde la parte inferior del tablero y ubicando "lo Mejor" en la parte superior del mismo. Me sonrió y dijo: "Aquí todo está bien, pero lo que necesitas es lo mejor. Quiero que tengas tu mejor vida posible, no tu buena vida y no tu vida mejor, sino la mejor vida".

Estaba tratando de ayudarme con mis límites en la vida, pues al momento de narrarte esto, estoy como estrecho. Tengo dos trabajos de tiempo completo. Estoy trabajando en este libro. Toco música de adoración de vez en cuando para mi iglesia y tengo una vida social. ¡Es abundante! ¿Lo es? La realidad es que simplemente tengo un problema con decirle "no" a las cosas que quiero hacer, pero para las cuales no me queda tiempo. Ya ves, Dios tiene muchas cosas buenas para nosotros, pero lo que Él quiere es queramos lo mejor de Él. Él también es digno de eso.

Si lo pienso, a lo largo de mi vida he probado internamente el fruto de cualquier sabiduría de la cual he ido en pos. Al principio de mi vida, me entregué a la desesperanza y seguí lo que percibí como su sabiduría. Una vez tras otra, esta percepción dio paso a la concepción, en formas que se levantaban una sobre otra. Fui de mal en peor.

Lo mismo aplica en lo referente a mi salvación. Cuando me entregué para escuchar y concebir, vi cómo aparecía el fruto, elevándome más alto en lugar de llevarme hacia abajo. La desesperanza dio a luz al pecado y al libertinaje, y la esperanza dio a luz a la vida y a nuevas glorias que ampliaron mi capacidad.

Fui testigo de la capacidad y la fuerza de Dios para sanar, salvar y liberarme. Estos caminos que presencié de oscuro a más oscuro y de claro a más claro son como mapas de esperanza que también creo que son para el mundo que me rodea. El mundo necesita ser salvado, sanado y liberado. Nuestra sociedad se ha entregado a la desesperanza, pero he visto cómo la esperanza puede cambiar dicho rumbo.

Dios tiene suficiente abundancia para poder hacer por el mundo lo que hizo en mí. Incluso puede darle al mundo lo mejor de Sí. Si percibo esto en cualquier nivel, entonces a partir de allí, puedo concebir la esperanza que el mundo necesita. ¿Te estás dando cuenta de lo poderoso que esto es? Dios nos está equipando a través de nuestro testimonio. Y todavía nos está dando opciones para tomar. Opciones que pueden honrar Su abundante generosidad.

Dios Padre nunca esperó que fueras el generador de confianza y amor. Primero nos amó y nos dio acceso a Su provisión. Tenemos acceso cuando lo percibimos. ¿Has visto a Dios venir en pos de ti? Cuando lo has visto, ahora sabes algo acerca de Su habilidad para venir. Si Él viene por ti, ¿no lo hará también por los demás? Es un "sí" obvio que ha sido un poco repetitivo a través de este libro, pero es realmente una de las mejores revelaciones que tengo para ofrecerte aquí. Te ruego que la recibas.

Para hacer un poco más de hincapié, considera esto, nuestra capacidad humana para el amor y la confianza es muy corta y limitada en comparación con la de Dios. Al percibir la capacidad de Dios dentro de nosotros, concebimos la capacidad de Dios para el mundo que nos rodea. Con esta relación de asociación y el acceso que brinda, ahora tienes la capacidad de construir tu fe de que Él siempre viene; que siempre Está ahí.

No serás una de las personas que escuche un rayo cuando otros escuchen la voz de Dios (Hechos 9: 7 cuando los hombres con Pablo no oyeron la voz que oyó Pablo). Escucharás y verás e incluso ayudarás a otros a hacer lo mismo. Crecerá tu capacidad para recibir todo tipo de encuentros, y tu concepción de lo que Dios ha hecho en ti liberará lo mejor que el cielo tiene para ofrecerle a la tierra.

Memoria Espiritual del Músculo

La verdad acerca de los encuentros es que pueden olvidarse.

¿Qué? ¡¿Por qué?!

No lo sé. Todo lo que sé es que los encuentros subjetivos y objetivos se olvidan frecuentemente, no solo por mí, sino incluso por comunidades enteras de testigos. Si los encuentros no se valoran, escriben y repasan, parece que desaparecen fácilmente. Tan solo piensa en todas las veces que los israelitas volvieron a adorar becerros de oro. Muchas cosas pasaron las cuales les llevaron a olvidar las promesas de Dios en las que habían creído. Así Dios los hubiera rescatado de esa misma mentalidad pecaminosa solo unas pocas generaciones atrás, terminaban allí de nuevo. Para el lector, son solo un par de páginas, en lugar de décadas o siglos, lo cual nos lleva a ser un poco duros con ellos. Pero con todo y esto, ¿cómo podían olvidarlo?

Es similar a alguien que tiene la costumbre de caminar cojeando. Esta cojera se debe a algún tipo de lesión que desalineó su cuerpo. Si van al quiropráctico y se re-ajustan y por primera vez, pueden caminar, hay una buena posibilidad de que vuelvan a desalinearse. A veces más rápido de lo que se espera. Es por eso que los médicos nos piden que regresemos de manera continua. Si los pacientes no continúan con los ajustes o terapias, existe una buena posibilidad de que los músculos que alguna vez apoyaron la lesión se vuelvan dominantes. Del mismo modo, aquellos músculos que no apoyaban el área antes del ajuste pueden caer fácilmente en su posición secundaria. En consecuencia, la persona reanuda la marcha como si tuviera la lesión cuando, de hecho, ya no la tiene.

¿Por qué nos olvidamos? Creo que tiene algo que ver con nuestra capacidad de experimentar continuamente esta alineación con el Padre. Si comenzamos a recurrir a nuestros patrones cotidianos, es casi como si la experiencia nunca hubiera tenido lugar. Nuestra experiencia continua, no es como el encuentro en sí mismo una vez lo hemos tenido, por lo que terminamos sin darle ningún uso o tener ningún lugar para ella. Es muy parecido al viejo cliché que dice, si no lo usamos, lo perdemos.

Mi amigo cercano Felipe y yo fuimos testigos una vez con nuestros propios ojos de lo que solo podía ser la mano del Señor debajo de la camiseta ajustada de un joven que fue a orar porque tenía múltiples discos dislocados en su columna vertebral. Lo que vimos fue tan increíble como innegable. Era claramente una mano con nudillos distinguibles maniobrando algo justo donde estaba la columna vertebral inferior de este hombre. En ese preciso momento, él fue sanado del dolor de espalda.

Felipe y yo lo habíamos visto desde lados opuestos del pasillo donde estábamos sirviendo de ujieres. Me acerqué a él y le pregunté: "¿Acabas de ver lo que yo vi?" Él me miró y asintió con una expresión algo frenética, "claro".

Ambos presenciamos un encuentro de gloria muy real que tuvo este hombre, y lo presenciamos objetivamente. El hombre también fue testigo, no de la mano, sino de la sanidad. Él solamente nos dijo que sintió paz y hormigueo en la columna, pero que el dolor había desaparecido. Vi al hombre años después y todavía está sano.

Cuando sucedió, Felipe y yo hablamos brevemente sobre la posibilidad del engaño, pero no pudimos encontrar una manera razonable de rechazar la mano que se movía debajo de esa camiseta ajustada. Este hombre no era un aspirante a mago e incluso de haberlo sido, este truco no hubiera sido posible sin hacer un agujero en su torso. Terminamos sin tener dónde ubicar una experiencia tan impactante. La Biblia podría llamarlo odre de vino. Este vino no tenía a dónde ir o ser almacenado. Ninguno de nosotros había pensado que un testigo pudiera ver algo tan claro, ¡y menos que íbamos a ser nosotros dos!

Sin embargo, sorprendentemente, sólo dos años después, mientras conversaba con un amigo en común al respecto, ¡Felipe no se acordaba! Tuve que traerlo a memoria. Le pregunté: "¿Cómo es posible que hayas olvidado esto?" Una vez que lo recordó, me dijo que no lo sabía, pero ahora que se lo había recordado, lo recordaba perfectamente.

La repetición desarrolla nuestra capacidad de hacer algo con facilidad. Esto aplica para nuestros músculos. Creo que la memoria muscular espiritual es un buen concepto para ayudarnos a comprender cómo es posible que olvidemos encuentros increíbles como éste. Sin un odre de vino, estos encuentros se derraman, pero finalmente no se ingieren.

Sin una fe para contener nuestros encuentros, no los conservamos por mucho tiempo. A medida que mi valor y conciencia para los encuentros crecieron, la frecuencia aumentó. Y la conciencia crea fe para todo tipo de encuentros. Incluso empiezo a mirar los encuentros de otras personas y me doy cuenta de que también puedo tenerlos. El pensamiento realmente loco es que, si esto puede sucederle a mi conciencia, puede sucederle a la conciencia de toda una comunidad. Tener conciencia es el contenedor que nos puede llevar a encuentros subjetivos y objetivos. Con este libro, te invito a unirte al proceso de obtener dicha conciencia.

He tenido muchos más encuentros de los que puedo recordar, incluso antes de comenzar a leer la Biblia y tener los 365 encuentros. Pero mientras leía ese año, descubrí que el Señor Se asoció conmigo y me ayudó a establecer las "piedras conmemorativas" necesarias, por así decirlo, usando la Palabra misma.

Si volvía a leer una Escritura, recordaba cómo me había conectado Él con ella. Sin embargo, hubo ocasiones en las que no las retomaba con suficiente frecuencia. Algunos encuentros se adhirieron, otros no. Tal vez cuatro o cinco horas cada día habrían sido suficientes para recordar todos los encuentros a través de la Escritura, pero eso es difícil de hacer con el ajetreo de la vida y perdí muchos.

Mantenerse al día con lo que puedo es como una gimnasia mental, en el buen sentido de la palabra. Los obstáculos siempre aparecen para ayudarnos a olvidar y, o los sorteamos o nos distraemos con la vida. Incluso un encuentro inolvidable que puede cambiar la vida puede perderse en el océano de las experiencias cotidianas. Volvemos a la religión, o forma, en lugar de permitir que las piedras conmemorativas construyan expectativas. Piedras memoriales que construyen fe en un Dios que es generoso con Su amor y cercanía, con Su conexión con nosotros.

Creo que, al desenvolver este regalo de encuentros abundantes, Dios nos ayudará a desarrollar la memoria muscular espiritual para que podamos testificar continuamente de la presencia de encuentros disponibles, testificando tanto a los demás como a nosotros mismos. Si esperas encuentros todos los días, te posicionas para recibir lo que el Señor haya preparado para ese día. La Palabra nos ayuda con señales, y en menos de lo que esperamos, somos unos atletas espirituales, moviéndonos en nuestro día a día.

Tenemos infinitas oportunidades para entrar en contacto cercano y tangible con el Señor. Jesús no incursionó en el ministerio hasta que tuvo treinta años. Cuando Jesús era un niño, creció en el favor de Dios y del hombre. Fue un proceso. La confianza es algo que se puede establecer libremente, y quiero que tengamos fe en eso. Podemos sentirnos seguros de nuestra capacidad de encontrarnos con Dios. Creo que, así como tú también puedes olvidarte de los encuentros más de lo que los recuerdas, asimismo aumentarás tu capacidad de recibir encuentros momento a momento. Al principio no es algo fácil de lograr, pero no es una competencia. Puedes estar seguro de que con el tiempo, nos volveremos muy astutos con las oportunidades que Él nos ofrece. ¡Nuestro apetito se vuelve voraz!

Hasta el día de hoy, tengo encuentros casi que constantes. No es que la frecuencia haya aumentado, y no es porque yo haya complacido a Dios y que ahora Él me recompensa. Es porque respondo. Cuando tuve estos encuentros por primera vez, fue intenso. A menudo tenía que posicionarme para un encuentro como si alguien me hubiera arrojado cincuenta libras y tuviera que sostenerlas de alguna manera. Con el tiempo y con la repetición, cincuenta libras no se sienten tan pesadas para alguien que las levanta. Hoy, la frecuencia de los encuentros no ha disminuido, pero mi capacidad de recibirlos se ha expandido. He crecido en mi capacidad.

Un Ecosistema a partir de la Gratitud

A menudo tengo encuentros cuando escucho un testimonio sobre el encuentro de otra persona. Generalmente resulta igual o muy similar a su encuentro. Es como si Dios viera el deseo de mi corazón y se apresurara a cumplirlo. Él no puede resistirse siquiera ante nuestra gratitud.

> *"Sí, ¡todas las cosas obran para su enriquecimiento, para que más de la gracia maravillosa de Dios se extienda a más y más personas, derivando en un mayor aumento de alabanza a Dios, y trayéndole a Él aún más gloria! 2Cor.4: 15 (TPT)*
>
> *¡Gracias Señor!*
>
> *Selah ~*

Escuché un testimonio de dos personas distintas donde estaban enfocadas y avanzando en pro de recibir esa experiencia cara a cara con Dios a través de la adoración. Mientras miraban Su rostro, era como si el suyo se fusionara con el de Dios. ¡No mucho después estaba adorando en Bethel Atlanta y vi Su rostro! Recordé la profecía y cuando nuestras caras se acercaron, mi nariz se hundió en la cara de Dios como en un charco de agua. Vi Su rostro en el reflejo del agua. A medida que avanzaba, la nariz de Dios comenzó a envolverse alrededor de la mía y se convirtió en mi nariz: Sus mejillas, luego la boca, los ojos, el cabello y las orejas, hasta que estuve completamente envuelto en Su rostro. Cuando abrí los ojos, estaba mirando a través de Sus ojos y hablando con Su boca. Lo que escuchaba era pureza y lo que veía era amor y pasión por el mundo.

La abundancia es la capacidad de recibir las bendiciones que Él trae y tener la habilidad de permitir que nos eleven aún más que antes. Esto es como un ecosistema o una economía de encuentro de la riqueza. Sin la administración de los testimonios, no crecemos. Si desarrollamos nuestra capacidad de administrar lo que Él da, entonces tendremos más cuando Él traiga más. Por ejemplo, si estamos agradecidos por un tiempo, pero olvidamos rápidamente nuestros testimonios, no los escribimos ni los contamos, nuestra mala administración de lo que nos han dado nos mantiene en un ciclo de derrota. En lugar de crecer, sólo estamos viviendo para el próximo milagro.

A pesar de que Él nos bendice con frecuencia, nuestra capacidad nunca aumenta y, por lo tanto, nunca vemos abundancia. Estamos cayendo en la misma trampa que los israelitas cayeron en el desierto. La única forma de inclinar la balanza hacia la abundancia aquí, es que comencemos a administrar y desarrollar nuestra capacidad para administrar el testimonio primero hacia la sostenibilidad y luego hacia la abundancia y el desbordamiento. Tenemos más que suficiente para nosotros mismos. Tenemos más que suficiente para nuestra iglesia o incluso nuestra denominación de las iglesias. Hay suficiente, pero tenemos que poder aplicar el testimonio.

Si todos estamos teniendo encuentros y Dios les está dando encuentros abundantes a todos, entonces hay suficiente para sobrepasar a todos los "no suficientes" que andan por ahí. La carencia es cosa del pasado, y todos pueden ver la abundancia en los hijos e hijas de Dios. ¿Cómo podemos hacer esto? Es muy sencillo. Escribe y comparte tus testimonios para que otros puedan ser agradecidos y creer en el Dios que te liberó, te salvó y te sanó.

Ellos podrán entonces conectarse con el Dios que inspira la innovación y tiene todas las respuestas que necesitan para caminar en Su propósito. Muchos se están quedando sin humo o con un déficit en Dios. ¡Sé generoso! Compartir tus experiencias generará una especie de ecosistema a partir de su gratitud. Un ecosistema saludable como este ayudaría a las personas a saber que Dios es real también para sí mismos. Tendrían más y más experiencias subjetivas y objetivas y las personas aprenderían nuevas formas de encontrarse con Dios y de Conocerlo mucho más.

La única razón por la que la mayoría de las cosas son valiosas es porque les hemos asignado valor. Lo que pasa con los encuentros es que el mundo necesita comprender el valor de Emanuel. Él es Dios con nosotros, no Dios lejos de nosotros en el cielo y muchos no lo saben. ¿Puedes imaginar conmigo cómo sería el mundo si todos tuvieran una relación con el Dios que los ama y los creó? Él así lo quiere y Cree que Puede lograrlo. Lo hemos visto hacerlo en nosotros, así que creemos que puede hacerlo en otros. Eso es suficiente. Hay más que suficiente.

Juntos Podemos Sobrepasar de Manera Abrumadora Todo el Déficit del Mundo

Nuestra revelación de que "hay suficiente" puede crecer más fuerte que la verdad tergiversada de que "no hay suficiente" la cual hemos estado escuchando en todas partes por estos días. Cuando comencemos a vivir como almas prósperas frente al mundo, unidas y benditas, encenderemos lo que algunos han llamado un "evangelismo de celos".

No quiere decir que no estamos allí haciendo misiones y compartiendo el Evangelio con los perdidos. Es que estamos haciendo todo, especialmente eso, con el Señor. Tenemos que saber con plena certeza, de pequeño a grande, que tenemos que celebrar nuestra unidad. Ya sea que se trate de recoger un pedazo de basura o de orar para sanarnos de nuestro cáncer. Continuamente necesitamos felicitarnos diciendo: "¡Sí, así es como se ve el avivamiento!" O "¡Me parezco a Jesús!" o lo que sea que resuene y produzca verdadera alegría.

Durante mi visita a la India en diciembre pasado, el Espíritu Santo comenzó a hablarme sobre Norteamérica. Él dijo: "Estados Unidos debe dejar de avergonzarse por lo grandiosa que es como una nación con dinero. Nunca ha habido en el mundo un mayor administrador de finanzas como lo es esa nación" Me mostró cómo en lugar de permitirle a la humildad declarar dicha verdad, nosotros habíamos elegido a la vergüenza una y otra vez. Vergüenza de que tenemos mucho, vergüenza de ser tan geniales. Hemos escogido la vergüenza en lugar de la humildad.

La humildad puede generar generosidad que construirá un mundo mejor. La vergüenza nos dice simplemente que dejemos de hacer lo que hacemos tan bien. Estados Unidos necesita ser quien es, una gran nación, excelente administradora del dinero. Así le serviría mejor al mundo.

Otras naciones tienen sus grandes dones, y esos dones se ponen allí para el suministro de bien - estar en todas partes. Naciones como India claramente tienen un gran don para la administración y el gobierno. No tengo dudas de que muchos están sacudiendo la cabeza, pero no digo que el don se manifieste por completo, digo que está ahí. Es difícil que una cosa sea bella si nadie la llama bella. El hecho de que allí está es incuestionable.

El don de la administración ha florecido en la India durante milenios. Con tanta gente, tantas necesidades, India depende constantemente de la administración. Estados Unidos no maneja multitudes como India. No es nuestro don. Estados Unidos no tiene multitudes como India. La gente en India viene a todas las fiestas que hay. ¡Todos juntos, y allí hay muchos "todos"! Ese músculo administrativo de la gente se ha estirado, desgarrado y reconstruido de una manera tal que a Estados Unidos no se le cruza ni por la cabeza. India podría enseñarle a los Estados Unidos sobre reuniones comunitarias y festivas. ¡Realmente tienen mucho! Si lo supieran y caminaran en humildad hacia éstas fortalezas, entonces podría ser uno de los más valiosos recursos del planeta.

Muchas naciones parecen tener puntos fuertes en todo, desde las matemáticas hasta la diversión, los medios de comunicación, etc. ¿Podemos imaginar un mundo en el que juntos como naciones edifiquemos por medio de usar nuestras fortalezas?

Todo lo que trato de hacer aquí es proyectar una visión. Un mundo donde las fuerzas de las naciones son llevadas a una mesa de comunión común con nuestro amado Jesús. Toda debilidad sería tragada por la fuerza de nuestro Señor. Aunque no podamos, Dios puede. Este es un mundo donde hay suficiente - un mundo "del todo en común" como el sueño. Nuestra unidad no se encontró en nuestra igualdad, sino en nuestra diversidad mirando a la unidad de Jesús.

Literalmente, tuve un ataque de gran revelación cuando el Señor me preguntó si pensaba que la iglesia podría unirse como una sola. Sabía que si estaba preguntándome, había algo detrás de la pregunta. Entonces me di cuenta de que Quién era Aquel que estaba preguntando. Le dije: "No hay manera alguna de que nosotros podamos hacer eso Señor, pero Tú Señor, Tú podrías unir a Tu iglesia. Yo creo que Tú puedes".

Me dijo que un día la iglesia despertaría a objetivos comunes. Esa causa nos unirá. Sabía que Él no me estaba contando todo, pero me sentí inspirado por este pensamiento de que cosas como las misiones nos habían unido durante siglos y ese ámbito de desesperanza en mí con relación a una iglesia unida, fue regado por la esperanza de un Dios que es fuerte en nuestras debilidades. ¡Levántate, Señor y sánanos! ¡Si pudiéramos unirnos como iglesia, podríamos tener un gran mundo!

Dios no está preocupado por nuestras diferencias tanto como nosotros. Hemos perdido la humildad que nos permite ser débiles en la fortaleza del Señor. La vergüenza nunca hará eso por nosotros. Nunca bajaremos nuestras cabezas en unidad. No es posible. Pero Dios se tragará nuestra carencia a través del "más que suficiente", lo hará más y más. "Sorbida es la muerte en victoria" (1 Cor. 15:54b NKJV). Un terreno común para cada uno de nosotros es que Cristo ganó por todos nosotros.

Nuestras cabezas están inclinadas en humildad ante Dios, no en vergüenza el uno del otro. Aprendemos a darnos, los unos a los otros. Aprendemos a tener una cultura de generosidad. Nos sembramos los unos a los otros. Sabemos que habrá una gran cosecha, lo hacemos porque para eso están nuestras fortalezas. Están allí tanto para ser fuertes como para proveernos los unos a los otros. Hay suficiente cuando acogemos el hecho de que tenemos algo valioso que darnos los unos a los otros y cuando aceptamos la oportunidad que a todos se nos presenta.

Ya ves, no es que temas como el calentamiento global sea una mentira. Hay ciencia a favor y ciencia en contra. Pero parece que actuamos como si sólo hubiera dos lados. O presagiando miedo o burlas apáticas. La verdad es que tenemos oportunidades para que juntos satisfagamos las necesidades como sociedad global. Este debería ser el sueño de todo cristiano, pero de alguna manera dejamos que la política se haga cargo. La verdadera causa de esta retórica de polos es que ya no confiamos el uno en el otro para ser geniales. Pero lo somos, porque estamos hechos a imagen de Dios. Dios no está allá arriba pensando: "¡Uy, hay demasiados! ¡Cielos, hay demasiados humanos! "¿Qué vamos a hacer?" No, Él ha estado lleno de intencionalidad todo este tiempo, dándole a Abraham un cielo estrellado digno de hijos e hijas, y todos sabemos que el cielo es aún más abundante de lo que él podría haber imaginado hoy en día.

Jesús regresará, sin duda, pero no por un pedazo de basura. Él regresará por una novia impecable (Eph. 5:27). Esa es una declaración llena de fe sobre nuestra futura identidad. Nos permite saber que a través de la vida de Cristo y de los recursos que Dios ha provisto, somos capaces de estar realmente impecables. Estar impolutos, llenos de belleza, tan hermosos, que entre nosotros y nuestro Señor, habrá un matrimonio para siempre. Soy consciente de que no todos verán esto como yo y no estoy pidiendo tal acuerdo. Amo la Palabra de Dios como todos debemos hacerlo y estoy en busca de esperanza y luz en Ella.

Tal vez no lo veas igual, pero la abundancia está disponible a través de recursos celestiales; abundancia que no destruye, sino que se acumula. Eso para mí es una esperanza de la gloria de Dios. Oro para que todos tengamos una gran esperanza. Hay mucho que derribar y no lo niego, pero lo que veo es que la grandeza de Dios, vista desde la tierra de los vivientes, quita mis pensamientos de necesidad y preocupación.

Los encuentros que Dios me ha dado me han convencido totalmente de que Dios es abundante y tan abundante es que nada faltará. Nada será " insuficiente". Dios hace cosas como Él es, y Él es Santo y está por encima. Nada queda por debajo cuando sabe Quién es Él. Ni siquiera la tierra que gime para que nosotros sepamos esto acerca de nosotros mismos.

Él no está por encima distantemente, sino en lo alto, invitando a todo para que suba allí con Él. En últimas, no somos más que suciedad. Su aliento es el que nos anima y el que da vida a toda criatura viviente. Esta imagen de por sí ya es muy clara en cuanto a una gran abundancia, una evidencia latente para todos nosotros. Él es abundante y si es abundante, entonces Su creación es abundante y hay más que suficiente.

Oración de Activación

Tómate un momento con cada una de las siguientes preguntas, ejercicios, oraciones y actividades. Date un mínimo de 3-5 minutos para responder a cada una.

Cuando te imaginas a Dios y dices: "Estoy agradecido", ¿qué ves, percibes o sientes? ¿Es difícil de decir? ¿No implica esfuerzo y fluye de manera desbordante? ¿Está pasando algo más? Escríbelo.

_____

_____

_____

¿Tuviste problemas para ver o experimentar gratitud? Si es así, pregúntale a Dios por qué. Di: "Señor Dios, ¿por qué no puedo sentirme agradecido?" y escribe eso, lo que Te diga. Si es una herida del pasado, una expectativa incumplida, una mentira que estás creyendo o cualquier otra cosa, pregúntale al Señor si necesitas perdonar. Pregúntale cuál es la mentira y luego indágale sobre la verdad y escríbela. Pregúntale a quién debes perdonar si sientes que ese es el bloqueo. Si es un muro, pregúntale si quiere ayudarte a derribarlo. Pídele que te ayude a ver el muro. ¿De qué está hecha la pared? Pregúntale si Él tiene una herramienta para ayudarte a derribarla. Sigue haciendo preguntas hasta que tu gratitud se desborde en adoración.

_____

_____

_____

Regresa aquí y vuelve a hacer este ejercicio tantas veces como quieras. Intenta reemplazar la palabra "gratitud" con el Reino de Suministros del Cielo como "alegría, paz y justicia". Recuerda que estas cosas no se originan en ti. Provienen del cielo y por ello son infinitas y eternas. Agarra todo lo que puedas.

Ensaya con un acto profético: A medida que descubres tu acceso y tu suministro imagínate poniendo dichos descubrimientos en una corona sobre tu cabeza. Asegúrala en un entorno de joyas con un giro (haz el ejercicio actuando en fe).

Una vez tuve un encuentro en el que levantaba esa corona, la miraba y luego la arrojaba a los pies de Jesús. Se agachó para recogerla y con la mejor sonrisa que he visto y con mucha alegría en Sus ojos ardientes, volvió a ponerla en mi cabeza. La tiré de nuevo y Él la recogió y me la volvió a poner allí. Lo hicimos con mayor velocidad y ritmo hasta que se convirtió en un baile bastante intenso pero amoroso entre nosotros. Con grandes sonrisas y sin los pies en la tierra, nos reímos y lo repetimos una y otra vez.

Toma estos ejercicios contigo y úsalos en cualquier lugar y de cualquier manera que sientas que el Señor te guía. Él es fiel para guiarte. Tras haber conocido Su amor por mí, estoy seguro de que Él te ama apasionadamente y quiere que lo sepas todo sobre Él, sin reserva alguna.

¿Tuviste un encuentro durante este ejercicio? ¿O quieres leer sobre otros encuentros que la gente ha tenido? Visita nuestro grupo de Facebook para contarles a otros sobre esto y difundir las buenas noticias. Consulta el Apéndice A de este libro para obtener ayuda para escribir o grabar tu testimonio. Oro para que recibas estos regalos de encuentro en abundancia. Consulta el Apéndice A para obtener más información.

Muchas Gracias por Acompañarme

"¡Mira cuánto ánimo has encontrado en tu relación con el Ungido! Estás lleno hasta rebosar de Su reconfortante amor. Has experimentado una amistad cada vez más profunda con el Espíritu Santo y has sentido su tierno cariño y misericordia". Filipenses 2: 1 (TPT)

Amigo, estoy muy agradecido de que te hayas tomado el tiempo de leer este manuscrito que creo que el Señor me dio. Realmente han hecho que el proceso valga la pena. Mi esperanza es que ciertamente te haya permitido moverte más profundo, más alto y más lejos de lo que podrías haber imaginado al interior de las profundidades de Su abrumadora gracia y amor.

Ruego que seas guardado por Él, que los ángeles protejan cada momento que compartan juntos, y que camines en una verdad genuina todos los días que están por venir. Que tu relación con Dios sane el pasado, el futuro y que el presente se convierta en la unión más emocionante con Él. La abundancia marcará tus días, tu propósito e identidad para que todos lo vean.

¡Oro para que no tengas que ir a ninguna parte sin la presencia tangible de Nuestro Dios! Ruego para que Él te enseñe generosamente toda la vida con Emanuel. Te bendigo como hijo en Su herencia. Te bendigo con cada bendición que Él me ha dado. Que puedas prosperar enormemente a través de tu ser en todos los sentidos hasta la plenitud y el desbordamiento, y pasar con Él todos los días en la casa del Señor.

Que seas bendecido con sueños, visiones, dones de sanidad, liberación y mucho más. Oro para que todos los deseos de ese precioso corazón que Él te dio, se cumplan en abundancia. Que durante todos los días de tu vida, tu fe, esperanza y amor sean defendidos, aconsejados y abogados por el más grande consejo del cielo en la sala del trono de Dios.

Oro para que sientas una fortaleza del cielo para compartir tus testimonios y obtener abundantes oportunidades. Oro para que siempre sepas la mejor manera de configurarlo con el apoyo del Espíritu Santo, que no requiere esfuerzo, tal como el aliento de vida que Él está derramando desde tu voz. Oro para que tus palabras sean para la tierra hoy, las contenedoras de la vida de Cristo.

Oro para que según declara la promesa que recibí, este libro te haya entregado efectivamente el don de los encuentros que Él me dio tan generosamente. Que conozcas a Jesús, al Espíritu Santo y al Padre Dios como Ellos se conocen entre Sí. Que te conviertas en uno, así como Jesús lo quiso para ti y para mí.

Que conozcas la iglesia y la abundancia de Dios. Que mi techo sea su piso y que tú y yo podamos conocer el avivamiento sostenible en la vida de Cristo aquí en la tierra de los vivientes. Que podamos proporcionar las bases para todas las generaciones que nos seguirán. Que podamos agradar al Señor más allá de Su expectativa, al punto que Su canción reviente sobre nosotros, reformando para siempre a la tierra según el cielo.

Dios, te damos toda la gloria. Eres digno de ser alabado en cada momento de nuestros días eternos. Por favor, por siempre y para siempre, Enséñanos cómo ser reformados y moldeados según la imagen de Tu precioso Hijo, Jesucristo.

Amén ~

Apéndice A
Cómo Contar Tu Testimonio

Ellos le han vencido completamente por medio de la sangre del Cordero y de la poderosa palabra de Su testimonio. Triunfaron porque no amaban y se aferraban a sus propias vidas, incluso cuando se enfrentaban a la muerte.

Apocalipsis 12:11

Comparte el Testimonio

Tengo la esperanza de que al elegir este libro, has comenzado a comprender el poder del testimonio. Dios lo usará para vencer a través de nosotros. En 1 Corintios 15: 54b en la versión NKJV, declara todo en mayúscula, "¡LA MUERTE ES INGERIDA EN LA VICTORIA!" y la victoria es lo que Cristo ha hecho a través de nosotros.

Esta es la esperanza de gloria para todos nosotros. Nuestro testimonio se traga la muerte. Se traga el poder que la muerte ha ejercido sobre nosotros. El amor expulsa el miedo a la muerte, pero nuestro testimonio nos da confianza y un espíritu de lucha apasionado para enfrentarnos cuando se acerca la oscuridad. Nuestra victoria, que es Su testimonio en nosotros, supera todo tipo de muerte y destrucción, enfermedad, dolencia, desesperanza, etc. No podemos subestimar el poder del testimonio.

Si aprendes a dar tu testimonio, otros vencerán al escuchar lo que Cristo ha hecho por ti. Puede suceder en ese momento, o puede que pasen años, cuando estén en oscuridad. Justo en ese momento, el Espíritu Santo les recordará que la luz ya ha vencido dicha oscuridad anteriormente, y que esto no es un desafío para lo que puede hacer Jesús.

Incluso hay testimonios de que esto les pasó a personas que murieron y se fueron al infierno. Recuerdo vagamente un testimonio de un hombre que murió y en el infierno, recordó a su maestro de escuela dominical diciéndoles que clamaran a Jesús y les cantó una canción. Él no pudo recordar el nombre de Jesús por algún tiempo, pero siguió ensayando la canción hasta que volvió a su memoria. Declaró que en el momento en que dijo Su nombre, fue extraído fuera del infierno al instante y llevado a una sala de color blanco brillante. Jesús estaba delante de él con las llaves del infierno en Su mano. Al hombre se le dio otra oportunidad de vivir y revivió después de haber estado muerto por casi media hora o más. ¡El testimonio de Jesús de esa canción salvó la vida de este hombre del infierno!

Es probable que su maestro de escuela dominical no tuviera idea del peso de su testimonio para salvar a este hombre. Probablemente pensó que sólo estaba compartiendo una canción, pero su convicción sobre esa canción se quedó con el hombre y la victoria de Cristo venció a la muerte.

Tu testimonio podría hacer lo mismo y aún más.

Los testimonios sobre nuestros encuentros con Dios, incluyen cómo lo escuchamos, vemos, saboreamos u olemos. Recuerdo que una vez entré a un servicio y olí un olor poderoso, como incienso. El punto es que para entonces yo no sabía a qué olía el incienso, ese saber llegó más adelante en mi vida. Pudo haber sido subjetivo, pero para mí fue real. Estuve allí y me llamó la atención. No todos los testimonios son de vida o muerte, pero por supuesto, estos pequeños momentos también importan. Muchos han sido liberados de las drogas, la tristeza, los pensamientos suicidas, incluso del infierno. Cuenta los grandes testimonios pero también comparte los pequeños. El aspecto relacional de todos los momentos es el encuentro. Cuenta el encuentro. ¡Comparte el testimonio!

Consejos Para Preparar el Testimonio

Lo siguiente aplica para la mayoría de los testimonios sobre sanidad interior, sanidad física, palabras de conocimiento confirmadas y para mucho más. Estas también son pautas para compartir bien (aspecto que se aborda más ampliamente en las próximas secciones):

1. *Cuéntale tu testimonio a alguien en quien confíes, antes de compartirlo con el mundo.* Siempre me sorprende aquello que no tenía sentido, o cómo al escucharlo, la gente se conecta más con un pequeño aspecto de mi testimonio que para mí no era la parte más importante hasta que los oí procesarlo. Además, presta atención a cómo se siente. ¿Es oscuro o problemático o trae vida? Notarás la diferencia fácilmente.

2. *Di sólo lo que sabes que es correcto.* Menciona solamente lo que es verificable actualmente. Tiene que ser amoroso y honrar a todos los demás, especialmente a las personas, lugares y/o cosas que se mencionan en el testimonio.

3. *En el testimonio, menciona la ayuda médica previa, si la hay. Honra a la comunidad médica.* No hay nada de segunda en el tipo de sanidad que llevan a cabo los médicos

(parafraseando a Paul Manwaring), pero es útil recordar que no todo el mundo sabe dónde has estado. Si te han diagnosticado anteriormente y ahora hay un buen reporte médico, el mundo necesita ver la prueba, siempre y cuando sea posible. Recoge evidencia y, si es posible, proporciona las imágenes.

4. *Sé específico con todos los detalles que tienes, sin "llenar los espacios en blanco" en aquellos que no tienes. Se breve, centrado y refinado (videos de 1-3 minutos y publicaciones de 1 a 3 párrafos preferiblemente).*

5. *Deja que el testimonio hable por sí mismo. No tienes que enseñarlo. Jesús contó las parábolas y confió en que ellas contenían todo lo que se necesitaba para quienes estaba dirigida y la iban a escuchar. Deberíamos hacer lo mismo. No es necesario presionar una "agenda" en la garganta de nadie. Esta generación parece muy protectora del cronograma del día. La mayoría de las veces, disciernen las cosas y "huelen las palomitas de maíz antes de llegar al cine". Confía en la historia y cuéntala como sucedió. Deja que la historia haga el trabajo pesado. El Espíritu Santo los conoce a todos. Él también sabe cómo llegar a ellos. No hay necesidad de tratar de hacer Su trabajo.*

6. *Si estás hablando de Jesús, entonces Jesús está recibiendo la gloria. No es necesario completar*

todo lo que digas con una declaración que suene religiosa como: "Jesús es el único. Él lo hizo todo". ¿Si es cierto? ¿Estabas allí? ¿Los médicos desempeñaron un papel? Jesús no está compitiendo contigo y si realmente lo hizo todo y tú ni siquiera fuiste parte del bien que tuvo lugar, ¿no habría sido todo mucho mejor? Estas son buenas preguntas para ayudarnos a ser lo más reales y auténticos posible. Jesús te usa a ti y a mí para bendecir a los demás. Es Su poder, pero nos lo dio para que lo usemos. Dale honor, pero no lo hagas a costa tuya. Eso no está bien. Tú le importas a Él y tú también deberías considerarte importante. Si alguien más piensa lo contrario, es su problema, no el tuyo.

En general, muchos siguen estos tres pasos cuando intentan transmitir información útil a una audiencia de cualquier tamaño. Es simple y fácil de recordar. Permite que al entregar tu mensaje tú:

1. *Digas lo que vas a decir.*
2. *Digas lo que estás diciendo.*
3. *Digas otra vez lo que dijiste.*

Por supuesto, no funcionará para todo tipo de testimonio, pero la esencia de este enfoque es que le ayuda al oyente a escuchar. Ayudará a retener la información. El arte de contar historias es una ayuda poderosa y es fácil encontrar clases en línea de forma gratuita o a bajo costo. Dale un vistazo a EdX en Internet, donde es gratis recibir clases de grandes universidades y de otras fuentes.

Todo lo que puedo decir es que deberíamos invertir nuestro tiempo para darle a Él lo mejor de lo mejor. No tenemos que volvernos escritores, pero la mayoría de nosotros podemos leer algunos blogs, tomar una clase de escritura, o ver unos videos de YouTube con en el fin de hacer que nuestro testimonio sea más agradable al paladar. Haz todo lo que esté a tu alcance. Dale lo mejor.

Sin embargo, no te rindas en cuanto a contarlo porque no tienes el tiempo para hacerlo perfectamente, o incluso para que se vea bien. Si no tienes el tiempo o la energía para invertir en hacer un gran esfuerzo, dale lo que puedas. Jesús relató el pasaje sobre la mujer de los dos denarios (Lucas 21: 2). Da como lo hizo ella, independientemente de tu habilidad.

Considera la Mejor Plataforma para Tu Testimonio

¿Cuál es la mejor manera de presentar tu testimonio? ¿Deberías escribirlo, grabarlo en video o prepararte para darlo como un sermón? ¿Deberías hacer todas estas cosas? Los israelitas creaban ceremonias para celebrar sus testimonios y ayudar a recordarlos. ¿Deberías celebrarle un cumpleaños al testimonio todos los años, o algo así? ¿Deberías compartir tu testimonio escribiendo y creando un libro para niños? ¿Deberías tener una libretica con tu testimonio en dibujos animados en tu bolsillo trasero para cuando estás en la calle orando con la gente? ¿Tal vez todo lo anterior?

¿Es una canción? ¿Un libro que prepara como éste? ¿Debería ser un guion? Si es así, ¿entonces qué tan largo? ¿Es un largometraje o es un corto de quince minutos? ¿Tal vez sea una mini - serie? Nunca en la historia ha habido mayor necesidad de guiones. Netflix y otros servicios de transmisión están constantemente bajo la presión de los consumidores de producir contenido nuevo. Hay una buena posibilidad de que tu guion pueda ser escogido. Especialmente si es excelente, verificable y creativo.

Si no estás seguro, debes practicarlo, ensayarlo entre el Espíritu Santo y tú. Él te ayudará. A veces, cuando ensayo mis testimonios, el Señor me da una visión del público y todo.

Recomiendo escribirlo. Esto no es necesariamente para la reproducción en pantalla. Es sólo con el fin de ayudarte a clasificar los detalles. Haz esto tan pronto como sea posible. Escríbelo en tu diario o cuaderno tan pronto como acontezca y luego acórtalo. Ponlo a "hervir" una y otra vez. ¡Hierve toda el agua hasta que en cada cucharada, tengas una sopa de bondad rica y nutritiva!

Por ejemplo, este libro tiene la mitad del tamaño que tenía cuando lo terminé por primera vez. Tuve la suerte de encontrar una excelente editora que no tuvo miedo de decirme que podía hacerlo mejor. Ella trabajó conmigo hasta que me di cuenta que, aunque todo lo que había escrito era carnoso, todavía era demasiado y necesitaba ser resuelto. El libro que tienes aquí está mucho más enfocado y directo. Se siente como una espada afilada en comparación con la otra.

Si comenzaste con una versión de veinte páginas, redúcelo a diez y luego a cinco y así sucesivamente. La mayoría de los testimonios que compartí en este libro han sido escritos cinco o más veces. He escrito publicaciones en Facebook, blogs e incluso este libro varias veces. Los he contado una y otra vez y perdí la cuenta al tenerlos a la mano para cualquier tipo de ministerio que esté haciendo. Si me preguntas, son parte de mi casco de salvación.

Si no eres de aquellos a quienes les gusta escribir, entonces graba un video. Si la primera vez que lo grabas en video, dura treinta minutos, redúcelo a una versión de diez y llega a una versión de treinta segundos. ¿Cuáles son los puntos claves? ¿Cuáles son las cosas que puedes dejar a la imaginación del oyente? Cuando las personas tienen que resolver algunos de los detalles, les dejas espacio para pasar de espectadores a participantes. ¿Es bueno que así sea? Si no lo es, no lo hagas. Por el bien de todos, di lo que quieres decir de la manera más sintética posible.

Precisión y Detalles

Poder expresar un testimonio poderoso requiere una base en la Palabra de Dios y un compromiso con la autenticidad. ¡Mantenlo Santo y real! Si tuviste una experiencia genial que nadie va a entender, y no puedes encontrar un versículo o pasaje para respaldarla, evita ponerla en circulación. No se trata de descartarla como algo malo, simplemente no compartas algo sobre lo que no tienes paz. Se bendecido y quédatelo para ti.

Protege la verdad con todo tu corazón de amor y respeto por Jesús y por los demás. ¡No violes tu relación con Dios! Ponlo a Él de primero. Él te guiará con paz cuando Se lo pidas.

Dicho lo anterior y sin importar cuán claro sea para ti, no todos lo entenderán. Puede que tus buenos amigos lo entiendan algunas veces y otras no. No hay lío, está bien. Puede que muchos de los testimonios que leíste aquí en mi libro aparezcan mucho más tarde en tu vida para darte esperanza. Los testimonios funcionan así con mucha frecuencia. Entrégalos de todas formas sin presionarte.

Nunca abandones la autenticidad. Si no eres real y no lo dices desde el corazón, entonces mejor considera no decirlo. Me encanta que esta generación no puede soportar las sonrisas postizas y la falsedad. No seas falso. No sientas que tienes que ser el maestro. El testimonio lleva gloria en sí mismo. Si es recibido, entonces puede ser percibido e incluso concebido a veces como el encuentro de ellos. Dale a la gente permiso para tener tu encuentro y deja que Dios lo haga otra vez.

El punto clave de la precisión y los detalles tampoco es que cuentes cada pequeño detalle. El propósito de la precisión y los detalles es que no omitas ninguna de las cosas importantes. Aunque algunos de tus testimonios pueden ser subjetivos, intenta apegarte a la información verificable tan bien como puedas. Ubica las fechas en una línea de tiempo. Si ha pasado un tiempo, visita nuevamente los lugares donde sucedió.

Obviamente, no hay necesidad de exagerar. Incluso las pequeñas cosas que Dios hace son valiosas. Ten en cuenta que si Él hizo algo, Su naturaleza se ha revelado. Lo digo una vez más, no importa lo pequeño. Si está claro que Dios desea sanar algo en un diez por ciento, eso podría ayudarles a otros a tener fe para el noventa por ciento que resta. El hecho de que no esté completo no disminuye el poder de Dios para sanar, pero la fe que compartes puede ayudar a otros a creer por más. En la medida de lo posible, sé excelente en tu precisión.

Obteniendo Permiso

Pide permiso. Obtén siempre el permiso de las personas que mencionarás. Considera si en tu testimonio se mencionan lugares o cosas. ¿Existe alguna posibilidad de que la persona que mencionas no esté de acuerdo? Si es así, pide permiso. Nunca des por sentado algo, es mejor. También les honra más a ellos. No te obsesiones con el compromiso de guardar la precisión y los detalles aquí. La mayoría de las veces, es mejor decir "una tienda", en lugar de nombrar una cadena de supermercados muy reconocida. Por supuesto que hay excepciones, y para eso necesitarás sabiduría y al Espíritu Santo.

Usando Honor y Sabiduría

Jesús es la razón del testimonio. Honra a Jesús.

Los testimonios no son para alardear sobre dónde hemos estado y con quién nos hemos encontrado. Si nuestra vida en Cristo nos lleva a orar por una persona famosa, por ejemplo, podemos hablar entonces de cómo Cristo puede alcanzarnos a todos. Tal vez puedes llegar a mencionar que era una persona famosa siempre y cuando la gente no pueda hacer la conexión con relación a quién es. Tenemos acceso a la sabiduría del Espíritu Santo. Nuestros testimonios deben ser dirigidos por Él. ¿Hay paz en nuestro testimonio? Si no es así, entonces quédatelo. A veces Él quiere que compartamos el testimonio (Lucas 8:39), pero a veces no (Marcos 1: 41-44). Nos guía a compartirlo con algunas personas, mientras que con otras no. Déjalo elegir al respecto. Es una relación.

Cómo Contar El Testimonio

En el popular libro de negocios, Cómo Construir una *Story Brand: Clarifica tu mensaje para que la gente te escuche*, de Donald Miller (Miller, Donald. Building a Storybrand: Clarify Your Message so Customers Will Listen. HarperCollins Leadership, una Imprint de HarperCollins, 2017), nos dan los "siete elementos tradicionales de un gran relato". Nuestro testimonio no es un discurso comercial o una estrategia de ventas, pero este libro hace un gran trabajo al ayudarnos a unir las piezas para contar una historia vívida y atractiva. Sólo necesita algunos ajustes. Aquí está el esquema general de cómo contar una gran historia, según Miller:

>"Un PERSONAJE que quiere algo encuentra un PROBLEMA antes de que pueda obtenerlo. En la cima de su desesperación, un GUÍA entra en sus vidas, les da un PLAN y LE HACE UN LLAMADO A LA ACCIÓN. Esa acción le ayuda a evitar el FRACASO y termina en un ÉXITO". Donald Miller, Cómo Construir un Storybrand -

Tanto Miller como yo sentimos que este marco es aplicable a muchas plataformas, incluso al testimonio. Esta estructura para entregar tu contenido es simplemente una de las formas más fáciles de mantener la capacidad de atención humana, especialmente en una época de sobrecarga de información. Incluso las parábolas de Jesús siguieron lineamientos como éstos.

Considera mi parábola favorita, la del hijo pródigo, y cómo el hijo pródigo es el personaje que tiene un problema, conoce a su padre, el guía, y es invitado a la casa para una fiesta, pero primero se le da un anillo y una túnica con la que asume una autoridad. Dicho anillo y dicha túnica ahora son su herencia y su vida será exitosa con ellos y podrá evitar futuros fracasos. Como señala Miller, esto lo vemos en las mejores películas, libros, marketing y en muchas otras formas de comunicación. Echemos un vistazo a cómo podemos aplicarlo a nuestros testimonios.

CARÁCTER y PROBLEMA u OPORTUNIDAD: Si bien cada testimonio tiene que ver con Jesús, tu testimonio de lo que Jesús puede hacer probablemente tratará de cómo tú, o cualquier persona de quien estés compartiendo el testimonio, venció con la ayuda de Jesús como GUÍA. Para aclarar y ayudar al oyente a escucharte, puede ser útil señalar cómo el personaje y el problema u oportunidad también son ellos, o se pueden relacionar con el asunto y encontrar semejanza con algo que han enfrentado o podrían enfrentar.

Por ejemplo: "Me enfrenté a un dilema común", o "como muchos de nosotros, me encontré en un punto de gran endeudamiento (o angustia, dolor físico por causa de... y así sucesivamente)". En el lado de la OPORTUNIDAD, el testimonio podría decir algo como: "Todos Le creemos a Dios por esto y cuando yo Le creí, ÉL me abrió los ojos a esta oportunidad..." o "Todos tenemos acceso a un Padre generoso y así, cuando me aferré a esa verdad, comenzó a suceder *este* milagro/ señal/ maravilla".

PLAN: En general, me refiero al plan como el que se presenta en el Evangelio (es decir, "Busqué a Jesús y Él me sanó, así como sanó a otros en los Evangelios"). Dios nos ha presentado a cada uno de nosotros un PLAN que también es un acto de amor y sacrificio que nos da acceso a nuestra herencia de poder para vencer, cambiar, sanar, restaurar, renovar, etc.

Ese es nuestro LLAMADO A LA ACCIÓN, por así decirlo. Así es como "LA MUERTE ES INGERIDA EN LA VICTORIA" según la versión NKJV en 1 Corintios 15: 54b. Es la razón por la que estás dando tu testimonio. Este es el momento de la ESPERANZA en que todos podemos hacer todas las cosas a través de Cristo que nos fortalece. O es el momento de la ESPERANZA en que nosotros también podemos superar una injusticia existente. Tu experiencia es evidencia del AMOR de Dios en la tierra a través de la FE que tuvimos o la FE que nos dio. Fe que teníamos con relación a algo que sucedió o fe que arribó después de que esto o aquello sucediera inesperadamente.

Obviamente, estas no son reglas para dar el testimonio, sino que son odres de vino útiles. Es posible que hayas notado que me desvié de este marco o que hayas visto a otros saliéndose de este esquema y se debe a que, al hablar de los odres, la parte más importante de ellos es el vino. Este marco de referencia es como el odre de vino, pero el testimonio es el vino mismo. Deja que el vino tenga prioridad y tenga un valor superior al odre hasta el punto de que puedas decidir cuál odre utilizar de mejor manera para tu vino. Para tu testimonio.

¿Quién es tu PERSONAJE?

_____

_____

_____

¿Qué PROBLEMA U OPORTUNIDAD enfrentaste o enfrentaron ellos?

_____

_____

_____

¿Cómo los ayudó un GUÍA? (es decir, Jesús, Dios, Espíritu Santo, la Biblia, herencia, familia de Dios o iglesia, encuentro con el cielo, etc.)

_____

_____

_____

¿Qué o cómo el GUÍA les da un plan y cómo tiene relación con lo que Dios está haciendo en la tierra hoy en día? ¿Dónde está el mensaje del evangelio en este testimonio? ¿Dónde se revela Jesús o se revela el propósito del plan eterno de Dios para mí o para todos nosotros?

_____

_____

_____

¿Cuál es la ACCIÓN que tuvo lugar? ¿Cómo fue que el personaje dio un paso, eligió algo que el GUIA recomendó y así sucesivamente? ¿Cuál fue el momento de poder del Espíritu Santo? ¿Cómo representó la sabiduría de la Biblia un cambio que acarreó la victoria? ¿Qué puede hacer el oyente para unirse a la celebración o hacer un cambio en sí mismo?

_____

_____

_____

¿Cómo es la victoria ahora? ¿Cuál es la ESPERANZA que se puede dejar en cada uno de nosotros a partir de este testimonio y cómo puede cambiarnos o ayudarnos a recibir lo que Dios tiene para nuestro futuro? ¿Nuestro futuro como individuos o nuestro futuro como cuerpo?

_____

_____

_____

Si completaste esto ahora, ¡*felicidades*! ¡Acabas de colocar el *vino de testimonio* en uno de los *odres* más antiguos, probados y verdaderos que sea conocido por el hombre! Es un formato que generalmente capta la atención de las personas y la retiene. Este proceso ha estado formando historias durante miles de años. Espero que realmente haya ayudado a aprovechar al máximo tu testimonio. No solo eso, sino que lo terminaste con una semilla poderosa que podría cambiar vidas y liberar a individuos, naciones e incluso al mundo entero de lo que enfrentaba. ¡Dios usa la sangre del Cordero y la palabra de nuestro testimonio acerca de Jesús para unirnos a todos para que venzamos juntos en Jesucristo!

Al igual que un imán, la gente y los ángeles incluso se reúnen alrededor de nosotros para escuchar nuestros testimonios. Nuestros medios de comunicación, películas y mucho más están a la espera de escuchar este tipo de esperanza levantándose y libertando a un mundo moribundo.

Señor Dios, deja que tu cielo venga. Oramos para que en la tierra sea como es en el cielo. Y te damos gracias Señor por vencer al mundo con Tu amor y Tus propósitos. Que nuestros testimonios liberen a todos de la esclavitud y el sufrimiento y que los lleven a Tu amoroso abrazo para siempre. Amén.

Invitación

~

¿Tienes un testimonio que quieres compartir en nuestro grupo público de Facebook? Visita nuestro grupo para difundir las buenas nuevas de Jesucristo. ¡Creo que Dios quiere normalizar el estilo de vida del testimonio de encuentros y victorias diarias!

Si deseas compartir un testimonio de forma anónima, envía un correo electrónico a testimonies@abundantencounters.com con todos los permisos y/o instrucciones e indicaciones necesarias (por ejemplo, si deseas que no compartamos tu testimonio, infórmanos, de lo contrario omitiremos tu nombre y otros detalles, para que podamos publicarlo de una manera que honre y mantenga el testimonio).

Como he dicho, la idea de tener una base de datos pública de las actividades sobrenaturales de Dios me emociona a más no poder. Dado que se trata de redes sociales, debes comprender que se sube públicamente y bajo tu propio riesgo. Nosotros, por supuesto, no podemos asumir la responsabilidad de cómo se recibirá o compartirá tu testimonio. Supón que todos tienen acceso a él y que lo leerán porque es posible. Oro nuevamente para que recibas los dones de los encuentros sobreabundantemente.

Ubica esta comunidad en Facebook y comparte tu testimonio en: www.facebook.com/groups/abundantencounters/

Apéndice B
Plan de Lectura Bíblica de 365 Encuentros

A lo largo de los años de diseño de este plan, he decidido ser intencional sobre el fluir. Específicamente, sobre un fluir que me aliente en pos de los encuentros. No creo que para recibir encuentros tengas que elegir este plan. No, e incluso en todos mis esfuerzos y pensamientos al respecto, simplemente decidí crear un plan que personalmente me encantara. Un plan que me amara. Un plan que se sintiera conectado.

Este plan tiene todo lo que amo para sumergirme diariamente en el A.T, N.T, Proverbios y terminar con la experiencia apasionada y emotiva de los Salmos. Entrar y salir de mi tiempo de lectura con el Señor con pasión es importante. Ser intencionales con relación a nuestros afectos en el diario vivir es importante también. Por lo general, yo inicio a las 6 de la mañana, así que no soy el más apasionado en ese momento, pero a medida que voy avanzando en lo que muchos han catalogado como la mejor carta de amor jamás escrita, mi amor no se apaga.

Sin embargo, el fluir se me ha destacado continuamente como una consideración realmente importante para cualquiera que esté aprendiendo a vivir en la Palabra. El fluir evita que nos atasquemos. Si estás flotando río abajo y chocas contra una pared, algo ha detenido la corriente. Deben hacerse ajustes. Te recomiendo que a medida que leas, valores el fluir. Por ejemplo, disponte a sacrificar las genealogías si es necesario... el Espíritu Santo te las va a resaltar cuando Él quiera que las leas, o sentirás un pequeño "codazo" para que retomes lo que dejaste atrás, etc. Simplemente sigue la corriente. No te preocupes por las reglas y en cambio anhela la aventura y ten expectativa de Su rostro.

Ten contigo tanto una opción de lectura como una opción de escucha para cuando no tengas ganas de leer. Es muy sencillo. La aplicación gratis para celulares inteligentes llamada YouVersion Bible App es increíble para los que sólo quieren mantenerse al día con su plan. Nunca es útil darse duro por aquello de lo que te has perdido. Solo encuentra la manera de volver a entrar. No pierdas tu tiempo con la autocrítica durante este esfuerzo. Haz de este un lugar sagrado, lejos de toda condenación.

Otros consejos importantes... podrías probar usar acentos o voces diferentes para cada persona y personaje de las Escrituras que encuentres en tu plan de lectura. Es importante tomarse el tiempo para conocer las voces en tus pasajes de la Escritura. Sea cual sea la forma en que quieras hacerlo.

¡Prueba traducciones diferentes! ¡Uy! a mí me encanta la traducción *The Passion Translation (La Pasión, N.T)*, *The Message (El Mensaje, N.T)*, *The New King James, The New American Standard, The Mirror Bible (Biblia el Espejo, N.T), The Amplified (La Biblia Amplificada, N.T)*, incluso *The Rhyming Gospel* (que es genial para leérsela a los niños). Hay muchas. *(La mayoría de estas traducciones están disponible sobre todo en inglés, N.T).*

En algún momento, decidí leer una traducción diferente cada año, pero era demasiado difícil quedarme con una de ellas. A lo largo del año, me di cuenta de que extrañaba traducciones que me resultaban más familiares. Si la Palabra se convierte en palabras solamente, entonces prueba cambiarla, y mira si resucita. ¡Vale la pena, amigos!

Como he dicho, este no se trata de un buen deber religioso que deba mantenerse. Es una comida para disfrutar con un Padre amoroso. La religión y las reglas de memoria pueden tratar de reemplazar los encuentros con el deber. Protege tu corazón de tal sufrimiento con toda diligencia.

Quizás incluso más importante que el fluir es reservar el tiempo. En el libro de Josué Capítulo 3: 1; 6:12; 7:16 y 8:10 dice una y otra vez en cada versículo, que Josué o Josh (como me llamo yo, N.T) se despertaba temprano en la mañana. Por lo tanto, yo me levanto temprano en la mañana. Así de simple ☺

Ten presente que si no sacas el tiempo y el espacio para que exista algo nuevo en tu vida, probablemente no mantendrás su disciplina. Se realista cuando se trata de este tipo de cosas y reserva el tiempo. De ser posible, considera reservar un espacio único. Un lugar donde no te sientas tentado a hacer otras cosas. Un punto de enfoque.

Para mí, la forma más fácil de hacer esto siempre ha sido reservar los primeros frutos de mi tiempo de la mañana para el Señor. Ese tiempo es sólo para Él y Él puede hacer lo que quiera con dicho espacio. Es lo primero que hago y lo hago temprano, porque de lo contrario, en un abrir y cerrar de ojos, se presentará algo que venga a robárselo. También recomiendo esas primeras horas porque es el momento más tranquilo y sereno de todo el día.

Y finalmente, siempre date más tiempo del que necesitas. Los encuentros pueden ocurrir en cualquier momento durante el día o la noche, pero reserva uno para comer y beber de la Palabra. Es una transacción valiosa que creo que Dios ha diseñado para nuestro corazón, para que la hagamos completamente con gran facilidad y a bajo costo. Ganamos mucho en esto. Mantenlo durante cuarenta días y dicen que será un hábito.

Si puedes, encuentra una manera de imprimir las siguientes páginas. Haz las declaraciones todos los días, agrégale algo de tiempo para escribir a diario también. Todo en pro de la conexión. El velo se ha ido entre el Padre y tú, así que ve a Él ahora. Siéntate con Él y con tu corazón y tu mente, Escúchalo leerte.

Te deseo todo lo mejor,

Josh-

ENERO DÍA	Antiguo Testamento	Nuevo Testamento	Proverbios	Salmos
1	Introducción a Génesis	Mat.1:1-2:12	Prov.1:1-7	Sal. 1
2	Gen. 1	Mat.2:13-3:17	Prov.1:8-13	Sal.2:1-6
3	Gen. 2	Mat.4	Prov.1:14-19	Sal.2:7-12
4	Gen. 3	Mat.5:1-26	Prov.1:20-23	Sal.3
5	Gen. 4	Mat.5:27-48	Prov.1:24-28	Sal.4
6	Gen. 5	Mat.6:1-24	Prov.1:29-33	Sal.5:1-6
7	Gen. 6	Mat.6:25-7:14	Prov.2.1-5	Sal.5:7-12
8	Gen. 7	Mat.7:15-29	Prov.2:6:15	Sal.6:1-5
9	Gen. 8	Mat.8:1-22	Prov.2:16-22	Sal.6:6-10
10	Gen. 9	Mat.8:23-34	Prov.3:1-4	Sal.7:1-5
11	Gen. 10	Mat.9: 1-17	Prov.3:5-8	Sal.7:6-10
12	Gen. 11	Mat.9:18-38	Prov.3:9-10	Sal.7:11-17
13	Introducción a Job	Mat.10:1-16	Prov.3:11-12	Sal.8:1-4
14	Job 1 y 2	Mat.10:17-42	Prov.3:13-15	Sal.8:5-9
15	Job 3 y 4	Mat.11	Prov.3:16-18	Sal.9:1-6
16	Job 5 y 6	Mat.12:1-21	Prov.3:19-20	Sal.9:7-12
17	Job 7 y 8	Mat.12:22-50	Prov.3:21-26	Sal.9:13-16
18	Job 9 y 10	Mat.13:1-23	Prov.3:27-32	Sal.9:17-20
19	Job 11 y 12	Mat.13:24-46	Prov.3:33-35	Sal.10:1-6
20	Job 13 y 14	Mat.13:47-14:12	Prov.4:1-6	Sal.10:7-13
21	Job 15 y 16	Mat.14:13-36	Prov.4:7-9	Sal.10:14-18
22	Job 17 y 18	Mat.15:1-28	Prov.4:10-13	Sal.11
23	Job 19 y 20	Mat.15:29-16:12	Prov.4:14-19	Sal.12
24	Job 21 y 22	Mat.16:13-28	Prov.4:20-27	Sal.13
25	Job 23 y 24	Mat.17	Prov.5:1-6	Sal.14
26	Job 25 y 26	Mat.18:1-20	Prov.5:7-14	Sal.15
27	Job 27 y 28	Mat.18:21-19:12	Prov.5:15-21	Sal.16:1-5
28	Job 29 y 30	Mat.19:13-30	Prov.5:22-23	Sal.16:6-11
29	Job 31 y 32	Mat.20:1-28	Prov.6:1-5	Sal.17:1-7
30	Job 33 y 34	Mat.20:29-21:22	Prov.6:6-11	Sal.17:8-15
31	Job 35 y 36	Mat.21:23-46	Prov.6:12-15	Sal.18:1-6

FEBRERO DÍA	Antiguo Testamento	Nuevo Testamento	Proverbios	Salmos
1	Job 37 y 38	Mat. 22:1-33	Prov.6:16-19	Sal.18:7-16
2	Job 39 y 40	Mat.22:34-23:12	Prov.6:20-23	Sal.18:17-24
3	Job 41	Mat.23:13-39	Prov.6:24-35	Sal.18:25-31
4	Job 42	Mat.24:1-28	Prov.7:1-5	Sal.18:32-38
5	Gen. 12 y 13	Mat.24:29-51	Prov.7:6-23	Sal.18:39-45
6	Gen. 14 y 15	Mat.25:1-30	Prov.7:24-27	Sal.18:46-50
7	Gen. 16 y 17	Mat.25:31-26:13	Prov.8:1-11	Sal.19:1-6
8	Gen. 18 y 19	Mat.26:14-46	Prov.8:12-13	Sal.19:7-14
9	Gen. 20 y 21	Mat.26:47-68	Prov.8:14-21	Sal.20
10	Gen. 22 y 23	Mat.26:69-27:10	Prov.8:22-31	Sal,21:1-7
11	Gen. 24	Mat.27:11-32	Prov.8:32-36	Sal.21:8-13
12	Gen. 25 y 26	Mat.27:33-66	Prov.9:1-6	Sal.22:1-5
13	Gen. 27	Mat.28:1-20	Prov.9:7-8	Sal.22:6-11
14	Gen. 28-30	Introducción Marcos y 1:1-28	Prov.9:9-10	Sal.22:12-19
15	Gen. 31	Mar.1:29-2:12	Prov.9:11-12	Sal.22:20-24
16	Gen. 32 y 33	Mar.2:13-3:6	Prov.9:13-18	Sal.22:25-3|
17	Gen. 34 y 35	Mar.3:7-30	Prov.10:1-2	Sal.23
18	Gen. 36 y 37	Mar.3:31-4:25	Prov.10:3-4	Sal.24:1-6
19	Gen. 38-40	Mar.4:26-5:20	Prov.10:5	Sal.24:7-10
20	Gen. 41	Mar.5:21-43	Prov.10:6-7	Sal.25:1-7
21	Gen. 42	Mar.6:1-29	Prov.10:8-9	Sal.25:8-14
22	Gen. 43 y 44	Mar.6:30-56	Prov.10:10	Sal.25:15-22
23	Gen. 45 y 46	Mar.7:1-23	Prov.10:11-12	Sal.26:1-7
24	Gen. 47 y 48	Mar.7:24-8:10	Prov.10:13-14	Sal.26:8-12
25	Gen. 49 y 50	Mar.8:11-38	Prov.10:15-16	Sal.27:1-6
26	Introducción al Éxodo	Mar.9:1-29	Prov.10:17	Sal.27:7-14
27	Ex. 1 y 2	Mar.9:30-10:12	Prov.10:18	Sal.28
28	Ex. 3 y 4	Mar.10:13-31	Prov.10:19	Sal.29:1-5
29	Ex. 5 y 6	Mar.10:32-52	Prov.10:20-21	Sal.29:6-11

MARZO DÍA	Antiguo Testamento	Nuevo Testamento	Proverbios	Salmos
1	Ex. 7 y 8	Mar. 11:1-26	Prov.10:22	Sal.30:1-5
2	Ex. 9 y 10	Mar. 11:27-12:17	Prov.10:23	Sal.30:6-12
3	Ex. 11 y 12	Mar. 12:18-37	Prov.10:24-25	Sal.31:1-6
4	Ex. 13 y 14	Mar. 12:38-13:13	Prov.10:26	Sal.31:7-14
5	Ex. 15 y 16	Mar. 13:14-37	Prov.10:27-28	Sal.31:15-19
6	Ex. 17 y 18	Mar. 14:1-21	Prov.10:29-30	Sal.31:20-24
7	Ex. 19 y 20	Mar. 14:22-52	Prov.10:31-32	Sal.32:1-5
8	Ex. 21 y 22	Mar. 14:53-72	Prov.11:1-3	Sal.32:6-11
9	Ex. 23 y 24	Mar. 15:1-20	Prov.11:4	Sal.33:1-7
10	Ex. 25 y 26	Mar. 15:21-47	Prov.11:5-6	Sal.33:8-15
11	Ex. 27 y 28	Mar. 16:1-20	Prov.11:7	Sal.33:16-22
12	Ex. 29 y 30	Lucas 1:1-25	Prov.11:8	Sal.34:1-7
13	Ex. 31 y 32	Lucas 1:26-56	Prov.11:9-11	Sal.34:8-14
14	Ex. 33 y 34	Lucas 1:57-80	Prov.11:12-13	Sal.34:15-22
15	Ex. 35 y 36	Lucas 2:1-20	Prov.11:14	Sal.35:1-10
16	Ex. 37 y 38	Lucas 2:21-52	Prov.11:15	Sal.35:11-18
17	Ex. 39 y 40	Lucas 3	Prov.11:16-17	Sal.35:19-23
18	Introducción Levítico y Cap.1	Lucas 4:1-30	Prov.11:18-19	Sal.35:24-28
19	Lev.2-4	Lucas 4:31-5:11	Prov.11:20-21	Sal.36:1-6
20	Lev.5-7	Lucas 5:12-32	Prov.11:22	Sal.36:7-12
21	Lev.8-10	Lucas 5:33-6:11	Prov.11:23	Sal.37:1-6
22	Lev.11-12	Lucas 6:12-36	Prov.11:24-26	Sal.37:7-13
23	Lev.13	Lucas 6:37-7:10	Prov.11:27	Sal.37:14-19
24	Lev.14-15	Lucas 7:11-35	Prov.11:28	Sal.37:20-27
25	Lev.16-17	Lucas 7:36-8:3	Prov.11:29-31	Sal.37:28-33
26	Lev.18-19	Lucas 8:4-21	Prov.12:1	Sal.37:34-40
27	Lev.20-22	Lucas 8:22-39	Prov.12:2-3	Sal.38:1-9
28	Lev.23-25	Lucas 8:40-9:6	Prov.12:4	Sal.38:10-15
29	Lev.26-27	Lucas 9:7-27	Prov.12:5-7	Sal.38:16-22
30	Introducción Números y Cap.1	Lucas 9: 28-50	Prov.12:8-9	Sal.39:1-5
31	Núm.2-4	Lucas 9:51-10:12	Prov.12:10	Sal.39:6-11

ABRIL DÍA	Antiguo Testamento	Nuevo Testamento	Proverbios	Salmos
1	Núm.5-6	Lucas 10:13-37	Prov.12:11-12	Sal.39:12-13
2	Núm.7	Lucas 10:38-11:13	Prov.12:13-15	Sal.40:1-7
3	Núm.8-10	Lucas 11:14-36	Prov.12:16-17	Sal.40:8-13
4	Núm.11-13	Lucas 11:37-12:12	Prov.12:18	Sal.40:14-17
5	Núm.14-16	Lucas 12:13-34	Prov.12:19-20	Sal.41:1-4
6	Núm.17-19	Lucas 12:35-59	Prov.12:21-23	Sal.41:5-13
7	Núm.20-22	Lucas 13:1-21	Prov.12:24	Sal.42:1-5
8	Núm.23-25	Lucas 13:22-14:6	Prov.12:25	Sal.42:6-11
9	Núm.26-28	Lucas 14:7-35	Prov.12:26	Sal.43
10	Núm.29-31	Lucas 15	Prov.12:27-28	Sal.44:1-8
11	Núm.32-34	Lucas 16:1-18	Prov.13:1	Sal.44:9-17
12	Núm.35-36	Lucas 16:19-17:10	Prov.13:2-3	Sal.44:18-22
13	Introducción Deuteronomio y Cap.1	Lucas 17:11-37	Prov.13:4	Sal.44:23-26
14	Deut.2-4	Lucas 18:1-17	Prov.13:5-6	Sal.45:1-8
15	Deut.5-7	Lucas 18:18-19:10	Prov.13:7-8	Sal.45:9-17
16	Deut.8-10	Lucas 19:11-40	Prov.13:9-10	Sal.46:1-7
17	Deut.11-13	Lucas 19:41-20:8	Prov.13:11	Sal.46:8-11
18	Deut.14-16	Lucas 20:9-26	Prov.13:12-14	Sal.47:1-4
19	Deut.17-19	Lucas 20:27-47	Prov.13:15-16	Sal.47:5-9
20	Deut.20-21	Lucas 21:1-28	Prov.13:17-19	Sal.48:1-8
21	Deut.22-23	Lucas 21:29-22:13	Prov.13:20-23	Sal.48:9-14
22	Deut.24-25	Lucas 22:14-38	Prov.13:24-25	Sal.49:1-7
23	Deut.26-27	Lucas 22:39-53	Prov.14:1-2	Sal.49:8-13
24	Deut.28	Lucas 22:54-23:12	Prov.14:3-4	Sal.49:14-20
25	Deut.29-31	Lucas 23:13-43	Prov.14:5-6	Sal.50:1-6
26	Deut.32-34	Lucas 23:44-24:12	Prov.14:7-8	Sal.50:7-14
27	Introducción Josué y Cap.1	Lucas 24:13-53	Prov.14:9-10	Sal.50:15-23
28	Jos.2-4	Juan 1:1-28	Prov.14:11-12	Sal.51:1-6
29	Jos.5-7	Juan 1: 29-51	Prov.14:13-14	Sal.51:7-11
30	Jos.8-10	Juan 2	Prov.14:15-16	Sal.51:12-19

MAYO DÍA	Antiguo Testamento	Nuevo Testamento	Proverbios	Salmos
1	Jos.11-13	Juan 3:1-21	Prov.14:17-19	Sal.52
2	Jos.14-16	Juan 3:22-35	Prov.14:20-21	Sal.53
3	Jos.17-19	Juan 4:1-30	Prov.14:22-24	Sal.54
4	Jos.20-22	Juan 4:31-54	Prov.14:25	Sal.55:1-7
5	Jos.23-24	Juan 5:1-24	Prov.14:26-27	Sal.55:8-14
6	Introducción Jueces y Cap.1	Juan 5:25-47	Prov.14:28-29	Sal.55:15-19
7	Jue.2-4	Juan 6:1-21	Prov.14:30-31	Sal.55:20-23
8	Jue.5-7	Juan 6:22-42	Prov.14:32-33	Sal.56:1-7
9	Jue.8-10	Juan 6:43-71	Prov.14:34-35	Sal.56:8-13
10	Jue.11-13	Juan 7:1-36	Prov.15:1-3	Sal.57:1-6
11	Jue.14-16	Juan 7:37-53	Prov.15:4	Sal.57:7-11
12	Jue.17-19	Juan 8:1-20	Prov.15:5-7	Sal.58:1-6
13	Jue.20-21	Juan 8:21-30	Prov.15:8-10	Sal.58:7-11
14	Introducción Rut y Cap.1	Juan 8:31-59	Prov.15:11-12	Sal.59:1-5
15	Rut 2-4	Juan 9	Prov.15:13-14	Sal.59:6-13
16	Introducción 1 Samuel	Juan 10:1-21	Prov.15:15-17	Sal.59:14-17
17	1 Sam. 1-2	Juan 10:22-42	Prov.15:18-19	Sal.60:1-4
18	1 Sam. 3-4	Juan 11:1-30	Prov.15:20-21	Sal.60:5-12
19	1 Sam. 5-6	Juan 11:31-57	Prov.15:22-23	Sal.61
20	1 Sam. 7-8	Juan 12:1-19	Prov.15:24-26	Sal.62:1-8
21	1 Sam. 9-10	Juan 12:20-50	Prov.15:27-28	Sal.62:9-12
22	1 Sam. 11-12	Juan 13:1-30	Prov.15:29-30	Sal.63:1-5
23	1 Sam. 13-14	Juan 13:31-14:14	Prov.15:31-32	Sal.63:6-11
24	1 Sam. 15-16	Juan 14:15-31	Prov.15:33	Sal.64:1-6
25	1 Sam. 17-18	Juan 15	Prov.16:1-3	Sal.64:7-10
26	1 Sam. 19-20	Juan 16	Prov.16:4-5	Sal.65:1-7
27	1 Sam. 21-22	Juan 17	Prov.16:6-7	Sal.65:8-13
28	1 Sam. 23-24	Juan 18: 1-24	Prov.16:8-9	Sal.66:1-7
29	1 Sam. 25-26	Juan 18: 25-19:16	Prov.16:10-11	Sal.66:8-15
30	1 Sam. 27-28	Juan 19:17-42	Prov.16:12-13	Sal.66:16-20
31	1 Sam. 29-30	Juan 20	Prov.16:14-15	Sal.67

JUNIO DÍA	Antiguo Testamento	Nuevo Testamento	Proverbios	Salmos
1	1 Sam. 31; 1 Cró.10	Juan 21	Prov.16:16-17	Sal.68:1-7
2	Intro. 2 Samuel	Hechos 1	Prov.16:18	Sal.68:8-19
3	2 Sam.1-2	Hechos 2:1-36	Prov.16:19-20	Sal.68:20-26
4	2 Sam. 3-4	Hechos 2:37-3:26	Prov.16:21-23	Sal.68:27-35
5	Introducción 1 Crónicas	Hechos 4	Prov.16:24	Sal.69:1-6
6	1 Cró. 1-2	Hechos 5	Prov.16:25	Sal.69:7-13
7	1 Cró. 3-4	Hechos 6	Prov.16:26-27	Sal.69:14-18
8	1 Cró. 5-6	Hechos 7:1-29	Prov.16:28-30	Sal.69:19-25
9	1 Cró. 7-8	Hechos 7:30-53	Prov.16:31-33	Sal.69:26-30
10	1 Cró. 9 2 Sam. 5:1-10	Hechos 7:54-8:24	Prov.17:1	Sal.69:31-36
11	1 Cró. 10-12	Hechos 8:25-40	Prov.17:2-3	Sal.70
12	2 Sam. 5:11-6:23	Hechos 9:1-25	Prov.17:4-5	Sal.71:1-7
13	1 Cró. 13-14	Hechos 9:26-43	Prov.17:6	Sal.71:8-17
14	1 Cró. 15-16	Hechos 10:1-23	Prov.17:7-8	Sal.71:18-24
15	2 Sam. 7; 1 Cró.17	Hechos 10:24-48	Prov.17:9-11	Sal.72:1-7
16	2 Sam. 8-9	Hechos 11	Prov.17:12-13	Sal.72:8-14
17	1 Cró. 18; 2 Sam.10	Hechos 12	Prov.17:14-15	Sal.72:15-20
18	1 Cró. 19; 2 Sam. 11	Hechos 13:1-23	Prov.17:16	Sal.73:1-5
19	2 Sam. 12; 1 Cró.20	Hechos 13:24-41	Prov.17:17-18	Sal.73:6-12
20	2 Sam. 13-14	Hechos 13:42-14:7	Prov.17:19-21	Sal.73:13-18
21	2 Sam. 15-17	Hechos 14:8-28	Prov.17:22	Sal.73:19-23
22	2 Sam.18-19	Hechos 15:1-35	Prov.17:23	Sal.73:24-28
23	2 Sam. 20-21	Hechos 15:36-16:15	Prov.17:24-25	Sal.74:1-9
24	2 Sam. 22-23:7	Hechos 16:16-40	Prov.17:26	Sal.74:10-17
25	2 Sam. 23:8-39	Hechos 17	Prov.17:27-28	Sal.74:18-23
26	2 Sam. 24; 1 Cró. 21	Hechos 18:1-23	Prov.18:1	Sal.75:1-3
27	1 Cró. 22-23	Hechos 18:24-19:10	Prov.18:2-3	Sal.75:4-10
28	1 Cró. 24-25	Hechos 19:11-41	Prov.18:4-5	Sal.76:1-3
29	1 Cró. 26-27	Hechos 20	Prov.18:6-7	Sal.76:4-9
30	1 Cró. 28-29	Hechos 21:1-14	Prov.18:8	Sal.76:10-12

JULIO DÍA	Antiguo Testamento	Nuevo Testamento	Proverbios	Salmos
1	Intro.1 Reyes y Cap.1	Hechos 21:15-34	Prov.18:9-10	Sal.77:1-9
2	1 Reyes 2	Hechos 21:35-22:22	Prov.18:11-12	Sal.77:10-15
3	1 Reyes 3-4	Hechos 22:23-23:11	Prov.18:13	Sal.77:16-20
4	Intro. 2 Cró. y Cap.1	Hechos 23:12-35	Prov.18:14-15	Sal.78:1-7
5	1 Reyes 5-6	Hechos 24	Prov.18:16-18	Sal.78:8-12
6	2 Cró. 2-3	Hechos 25	Prov.18:19	Sal.78:13-20
7	1 Reyes 7; 2 Cró.4	Hechos 26	Prov.18:20-21	Sal.78:21-29
8	1 Reyes 8; 2 Cró.5	Hechos 27:1-20	Prov.18:22	Sal.78:30-35
9	2 Cró. 6-7	Hechos 27:21-44	Prov.18:23-24	Sal.78:36-42
10	1 Reyes 9; 2 Cró.8	Hechos 28	Prov.19:1-3	Sal.78:43-51
11	Intro. Ecle. y Cap.1	Cant. 1-2	Prov.19:4-5	Sal.78:52-58
12	Ecle. 2-4	Cant. 3-4	Prov.19:6-7	Sal.78:59-64
13	Ecle. 5-8	Cant. 5-6	Prov.19:8-9	Sal.78:65-72
14	Ecle. 9-12	Cant. 7-8	Prov.19:10-11	Sal.79:1-8
15	1 Reyes 10-11	Rom. 1:1-17	Prov.19:13-14	Sal.79:9-13
16	1 Reyes 12; 2 Cró. 9	Rom. 1:18-32	Prov.19:15-16	Sal.80:1-6
17	1 Reyes 13-14	Rom. 2	Prov.19:17	Sal.80:7-11
18	2 Cró. 10-11 y 1 Rey. 15:1-24	Rom. 3:1-20	Prov.19:18-19	Sal.80:12-19
19	2 Cró. 12-13	Rom. 3:21-31	Prov.19:20-21	Sal.81:1-7
20	2 Cró. 14-15	Rom. 4	Prov.19:22-23	Sal.81:8-16
21	2 Cró. 16; 1 Rey. 15:25-16:34	Rom. 5	Prov.19:24-25	Sal.82
22	2 Cró.17; 1 Reyes 17	Rom. 6	Prov.19:26-27	Sal.83:1-8
23	1 Reyes 18-19	Rom. 7	Prov.19:28-29	Sal.83:9-18
24	1 Reyes 20-21	Rom. 8:1-13	Prov.20:1	Sal.84:1-8
25	1 Reyes 22; 2 Cró.18	Rom. 8:14-30	Prov.20:2-3	Sal.84:9-12
26	2 Cró. 19-20	Rom. 8:31-9:9	Prov.20:4-6	Sal.85:1-2
27	2 Cró. 21-23	Rom. 9:10-33	Prov.20:7	Sal.85:3-13
28	Intro. Abdías y Cap.1	Rom. 10	Prov.20:8-10	Sal.86:1-10
29	Intro. 2 Cró. y Cap.1	Rom. 11:1-15	Prov.20:11	Sal.86:11-17
30	2 Reyes 2-3	Rom. 11:16-36	Prov.20:12	Sal.87
31	2 Reyes 4-5	Rom. 12	Prov.20:13-15	Sal.88:1-7

AGOSTO DÍA	Antiguo Testamento	Nuevo Testamento	Proverbios	Salmos
1	2 Reyes 6-7	Rom. 13	Prov.20:16-18	Sal.88:8-13
2	2 Reyes 8-9	Rom. 14	Prov.20:19	Sal.88:14-18
3	2 Reyes 10-11	Rom. 15:1-21	Prov.20:20-21	Sal.89:1-4
4	2 Reyes 12-13	Rom. 15:22-33	Prov.20:22-23	Sal.89:5-11
5	2 Cró. 24	Rom. 16:1-27	Prov.20:24-25	Sal.89:12-18
6	2 Reyes 14; 2 Cró.25	1 Cor. 1:1-17	Prov.20:26-27	Sal.89:19-26
7	Introducción Jonás y Cap.1	1 Cor. 1:18-2:5	Prov.20:28-30	Sal.89:27-37
8	Jonás 2-4	1 Cor. 2:6-16	Prov.21:1-2	Sal.89:38-45
9	2 Reyes 15; 2 Cró.26	1 Cor. 3	Prov.21:3	Sal.89:46-52
10	Introducción Isaías y Cap.1	1 Cor. 4	Prov.21:4	Sal.90:1-8
11	Isa. 2-4	1 Cor. 5	Prov.21:5-7	Sal.90:9-17
12	Isa.5-8	1 Cor. 6	Prov.21:8-10	Sal.91:1-8
13	Introducción Amós y Cap. 1	1 Cor. 7:1-24	Prov.21:11-12	Sal.91:9-16
14	Amós 2-4	1 Cor. 7:25-40	Prov.21:13	Sal.92:1-7
15	Amós 5-6	1 Cor. 8	Prov.21:14-16	Sal.92:8-15
16	Amós 7-8	1 Cor. 9:1-18	Prov.21:17-18	Sal.93
17	Amós 9; 2 Cró. 27	1 Cor. 9:19-10:12	Prov.21:19-20	Sal.94:1-8
18	Isa. 9-10	1 Cor. 10:13-33	Prov.21:21-22	Sal.94:9-15
19	Isa. 11-12	1 Cor. 11:1-16	Prov.21:23-24	Sal.94:16-23
20	Introducción Miqueas y Cap.1	1 Cor. 11:17-34	Prov.21:25-26	Sal.95:1-5
21	Miq. 2-4	1 Cor. 12:1-26	Prov.21:27	Sal.95:6-11
22	Miq. 5-7	1 Cor. 12:27-13:13	Prov.21:28-29	Sal.96:1-6
23	2 Cró.28; 2 Reyes 16	1 Cor. 14:1-19	Prov.21:30-31	Sal.96:7-13
24	2 Reyes 17; Isa.13	1 Cor. 14:20-40	Prov.22:1	Sal.97:1-6
25	Isa. 14-15	1 Cor. 15:1-28	Prov.22:2-4	Sal.97:7-12
26	Isa. 16-18	1 Cor. 15:29-58	Prov.22:5-6	Sal.98
27	Isa. 19-21	1 Cor. 16	Prov.22:7	Sal.99
28	Isa. 22-24	2 Cor. 1:1-14	Prov.22:8-9	Sal.100
29	Isa. 25-27	2 Cor. 1:15-2:13	Prov.22:10-12	Sal.101
30	2 Reyes 18:1-8; 2 Cró. 29	2 Cor. 2:14-3:6	Prov.22:13	Sal.102:1-7
31	2 Cró. 30-31	2 Cor. 3:7-18	Prov.22:14	Sal.102:8-14

SEP. DÍA	Antiguo Testamento	Nuevo Testamento	Proverbios	Salmos
1	Introducción Oseas y Cap.1	2 Cor. 4	Prov.22:15	Sal. 102:15-21
2	Os. 2-4	2 Cor. 5:1-10	Prov.22:16	Sal. 102:22-28
3	Os. 5-7	2 Cor. 5:11-21	Prov.22:17-19	Sal. 103:1-7
4	Os. 8-10	2 Cor. 6:1-13	Prov.22:20-21	Sal. 103:8-13
5	Os. 11-14	2 Cor. 6:14-7:7	Prov.22:22-23	Sal. 103:14-22
6	Isa. 28-30	2 Cor. 7:8-16	Prov.22:24-25	Sal. 104:1-7
7	Isa. 31-33	2 Cor. 8:1-15	Prov.22:26-27	Sal. 104:8-14
8	Isa. 34-35	2 Cor. 8:16-24	Prov.22:28-29	Sal. 104:15-22
9	2 Reyes 18-19	2 Cor. 9	Prov.23:1-3	Sal. 104:23-29
10	2 Reyes 20-21	2 Cor. 10	Prov.23:4-5	Sal. 104:30-35
11	Isa. 36-38	2 Cor. 11:1-15	Prov.23:6-8	Sal. 105:1-7
12	Isa. 39-41	2 Cor. 11:16-33	Prov.23:9-11	Sal. 105:8-15
13	Isa. 42-44	2 Cor. 12:1-10	Prov.23:12	Sal. 105:16-22
14	Isa. 45-47	2 Cor. 12:11-21	Prov.23:13-14	Sal. 105:23-30
15	Isa. 48-50	2 Cor. 13	Prov.23:15-16	Sal. 105:31-37
16	Isa. 51-53	Gál. 1	Prov.23:17-18	Sal. 105:38-45
17	Isa. 54-56	Gál. 2:1-14	Prov.23:19-21	Sal. 106:1-6
18	Isa. 57-59	Gál. 2:15-3:14	Prov.23:22	Sal. 106:7-14
19	Isa. 60-61	Gál. 3:15-29	Prov.23:23	Sal. 106:15-22
20	Isa. 62-63	Gál. 4	Prov.23:24	Sal. 106:23-28
21	Isa. 64-66	Gál. 5:1-15	Prov.23:25-28	Sal. 106:29-35
22	2 Cró.32-33	Gál. 5:16-26	Prov.23:29-35	Sal. 106:36-43
23	Intro. Nahúm y Cap.1	Gál. 6	Prov.24:1-2	Sal. 106:44-48
24	Nahúm 2-3	Ef. 1	Prov.24:3-4	Sal. 107:1-8
25	2 Reyes 22-23	Ef. 2	Prov.24:5-6	Sal. 107:9-16
26	2 Cró. 34-35	Ef. 3	Prov.24:7	Sal. 107:17-24
27	Intro. Sofonías y Cap. 1	Ef. 4:1-16	Prov.24:8	Sal. 107:25-32
28	Sof.2-3	Ef. 4:17-32	Prov.24:9-10	Sal. 107:33-38
29	Intro Jeremías y Cap.1	Ef. 5	Prov.24:11-12	Sal. 107:39-42
30	Jeremías 2-3	Ef. 6	Prov.24:13-14	Sal. 108:1-6

OCT. DÍA	Antiguo Testamento	Nuevo Testamento	Proverbios	Salmos
1	Jer. 4-5	Filipenses 1	Prov.24:15-16	Sal. 108:7-13
2	Jer. 6-7	Filipenses 2:1-18	Prov.24:17-20	Sal. 109:1-8
3	Jer. 8-9	Filipenses 2:19-3:4	Prov.24:21-22	Sal. 109:9-15
4	Jer. 10-11	Filipenses 3:5-21	Prov.24:23-25	Sal. 109:16-21
5	Jer. 12-13	Filipenses 4	Prov.24:26	Sal. 109:22-26
6	Jer. 14-15	Col. 1:1-14	Prov.24:27	Sal. 109:27-31
7	Jer. 16-17	Col. 1:15-2:5	Prov.24:28-29	Sal. 110
8	Jer. 18-19	Col. 2:6-23	Prov.24:30-34	Sal. 111
9	Jer. 20-21	Col. 3:1-17	Prov.25:1-5	Sal. 112
10	Jer. 22-23	Col. 3:18-4:18	Prov.25:6-8	Sal. 113
11	Jer. 24-25	1 Tes. 1:1-2:12	Prov.25:9-10	Sal. 114
12	Jer. 26-27	1 Tes.2:13-3:13	Prov.25:11-14	Sal. 115:1-8
13	Jer. 28-29	1 Tes. 4	Prov.25:15	Sal. 115:9-18
14	Jer. 30-31	1 Tes. 5	Prov.25:16	Sal. 116:1-9
15	Jer. 32-33	2 Tes. 1	Prov.25:17	Sal. 116:10-19
16	Jer. 34-35	2 Tes. 2	Prov.25:18-19	Sal. 117
17	Jer. 36-37	2 Tes. 3	Prov.25:20-22	Sal. 118:1-7
18	Jer. 38-39	1 Tim. 1	Prov.25:23-24	Sal. 118:8-14
19	2 Reyes 24-25	1 Tim. 2	Prov.25:25-27	Sal. 118:15-21
20	2 Cró. 36	1 Tim. 3	Prov.25:28	Sal. 118:22-29
21	Intro. Habacuc y Cap.1	1 Tim. 4	Prov.26:1-2	Sal. 119:1-8
22	Habacuc 2-3	1 Tim. 5	Prov.26:3-5	Sal. 119:9-16
23	Jer. 40-42	1 Tim. 6	Prov.26:6-8	Sal. 119:17-24
24	Jer.43-45	2 Tim.1	Prov.26:9-12	Sal. 119:25-32
25	Jer.46-48	2 Tim.2	Prov.26:13-16	Sal. 119:33-40
26	Jer.49-50	2 Tim.3	Prov.26:17	Sal. 119:41-48
27	Jer.51	2 Tim.4	Prov.26:18-19	Sal. 119:49-56
28	Jer.52	Tito 1	Prov.26:20	Sal. 119:57-64
29	Introducción Lamentaciones y Cap.1	Tito 2	Prov.26:21-22	Sal. 119:65-72
30	Lam. 2-3	Tito 3	Prov.26:23	Sal. 119:73-80
31	Lam. 4-5	Filemón 1:1-25	Prov.26:24-26	Sal. 119:81-88

NOV. DÍA	Antiguo Testamento	Nuevo Testamento	Proverbios	Salmos
1	Intro. Eze. y Cap. 1	Heb. 1	Prov. 26:27	Sal. 119: 89-96
2	Ez. 2-4	Heb. 2	Prov. 26:28	Sal. 119: 97-104
3	Ez. 5-6	Heb. 3	Prov. 27:1-2	Sal. 119: 105-112
4	Ez. 7-8	Heb. 4	Prov. 27:3	Sal. 119: 113-120
5	Ez. 9-10	Heb. 5	Prov. 27:4-6	Sal. 119: 121-128
6	Ez. 11-12	Heb. 6	Prov. 27:7-9	Sal. 119: 129-136
7	Ez. 13-15	Heb. 7:1-12	Prov. 27:10	Sal. 119: 137-144
8	Ez. 16	Heb. 7:13-28	Prov. 27:11	Sal. 119: 145-152
9	Ez. 17-18	Heb. 8	Prov. 27:12	Sal. 119: 153-160
10	Ez. 19-20	Heb. 9:1-10	Prov. 27:13	Sal. 119: 161-168
11	Ez. 21-22	Heb. 9:11-28	Prov. 27:14	Sal. 119: 169-176
12	Ez. 23-24	Heb. 10:1-18	Prov. 27:15-16	Sal. 120
13	Ez. 25-26	Heb. 10:19-39	Prov. 27:17	Sal. 121
14	Ez. 27-28	Heb. 11:1-16	Prov. 27:18-20	Sal. 122
15	Ez. 29-30	Heb. 11:17-31	Prov. 27:21-22	Sal. 123
16	Ez. 31-32	Heb. 11:32-12:17	Prov. 27:23-27	Sal. 124
17	Ez. 33-34	Heb. 12:18-29	Prov. 28:1	Sal. 125
18	Ez. 35-36	Heb. 13	Prov. 28:2	Sal. 126
19	Ez. 37-38	Santiago 1	Prov. 28:3-5	Sal. 127
20	Ez. 39-40	Santiago 2	Prov. 28:6-7	Sal. 128
21	Ez. 41-42	Santiago 3	Prov. 28:8-10	Sal. 129
22	Ez. 43-44	Santiago 4	Prov. 28:11	Sal. 130
23	Ez. 45-46	Santiago 5	Prov. 28:12-13	Sal. 131
24	Ez. 47-48	1 Pedro 1:1-12	Prov. 28:14	Sal. 132:1-7
25	Intro. Joel y Cap.1	1 Pedro 1:13-2:10	Prov. 28:15-16	Sal. 132:8-12
26	Joel 2-3	1 Pedro 2:11-3:7	Prov. 28:17-18	Sal. 132:13-18
27	Intro. Daniel y Cap.1	1 Pedro 3:8-4:6	Prov. 28:19-20	Sal. 133
28	Dan. 2	1 Pedro 4:7-5:14	Prov. 28:21-22	Sal. 134
29	Dan. 3-4	2 Pedro 1	Prov. 28:23-24	Sal. 135:1-7
30	Dan. 5-6	2 Pedro 2	Prov. 28:25-26	Sal. 135:8-14

DIC. DÍA	Antiguo Testamento	Nuevo Testamento	Proverbios	Salmos
1	Dan. 7-8	2 Pedro 3	Prov. 28:27-28	Sal. 135:15-21
2	Dan. 9-10	1 Juan 1	Prov. 29:1	Sal. 136:1-7
3	Dan. 11-12	1 Juan 2:1-17	Prov. 29:2-4	Sal. 136:8-14
4	Intro. Esdras y Cap. 1	1 Juan 2:18-3:3	Prov. 29:5-7	Sal. 136:15-21
5	Esdras 2-3	1 Juan 3:4-24	Prov. 29:8-11	Sal. 136:22-26
6	Esdras 4-6	1 Juan 4	Prov. 29:12-14	Sal. 137
7	Intro. Hageo	1 Juan 5	Prov. 29:15-17	Sal. 138
8	Hageo 1-2	2 Juan y 3 Juan	Prov. 29:18	Sal. 139:1-7
9	Intro. Zacarías y Cap. 1	Judas 1:1-25	Prov. 29:19-20	Sal. 139:8-16
10	Zac. 2-4	Apo.1	Prov. 29:21-22	Sal. 139:17-24
11	Zac. 5-7	Apo.2:1-17	Prov. 29:23	Sal. 140:1-5
12	Zac. 8-10	Apo.2:18-3:6	Prov. 29:24-25	Sal. 140:6-13
13	Zac. 11-13	Apo.3:7-22	Prov. 29:26-27	Sal. 141:1-4
14	Intro. Ester	Apo.4	Prov. 30:1-3	Sal. 141:5-10
15	Ester 1-2	Apo.5	Prov. 30:4	Sal. 142
16	Ester 3-4	Apo.6	Prov. 30:5-8	Sal. 143:1-6
17	Ester 5-6	Apo.7	Prov. 30:9-10	Sal. 143:7-12
18	Ester 7-8	Apo.8	Prov. 30:11-14	Sal. 144:1-6
19	Ester 9-10	Apo.9	Prov. 30:15-16	Sal. 144:7-15
20	Esdras 7-8	Apo.10	Prov. 30:17	Sal. 145:1-7
21	Esdras 9-10	Apo.11	Prov. 30:18-20	Sal. 145:8-14
22	Intro. Neh. y Cap.1	Apo.12	Prov. 30:21-23	Sal. 145:15-21
23	Neh. 2-3	Apo.13	Prov. 30:24-28	Sal. 146:1-5
24	Neh. 4-5	Apo.14	Prov. 30:29-31	Sal. 146:6-10
25	Lam.3:37-5:22	Apo.15-16	Prov. 30:32	Sal. 147:1-7
26	Neh. 6-7	Apo.17	Prov. 30:33	Sal. 147:8-14
27	Neh. 8-9	Apo.18	Prov. 31:1-3	Sal. 147:15-20
28	Neh. 10-11	Apo.19	Prov. 31:4-7	Sal. 148:1-7
29	Neh. 12-13	Apo.20	Prov. 31:8-9	Sal. 148:8-14
30	Introducción Malaquías y Cap.1	Apo.21	Prov. 31:10-24	Sal. 149
31	Mal. 2-4	Apo.22	Prov. 31:25-31	Sal. 150

Bibliografía

THE LOVE DARE © (El Desafío del Amor, N.T) Kendrick S, Kendrick A, Kimbrough L. Nashville, Tenn. : B & H Publishing Group, c2013 .; 2013. ISBN: 9781433679599

THE KNOWLEDGE OF THE HEART © (El Conocimiento del Corazón, N.T) 2012 por Phil Mason. Todos los derechos reservados. ISBN: 9781621660705 Publicaciones de New Earth Tribe © 2012. USA Edition. Publicado por XP Publishing, un departamento de Ministerios XP. www.XPpublishing.com

THE CONVERSATION IN HEAVEN: Living Life's Ups & Downs Through Heaven's Lens © (La Conversación en el Cielo: Viviendo los altibajos de la vida bajo la perspectiva de los cielos, N.T) 2018 Abigail Holt Jennings www.girlofhope.com todos los derechos reservados. ISBN: 1727396111

TRIBAL LEADERSHIP: Leveraging Natural Groups to Build a Thriving Organization © (Liderazgo Tribal: Aprovechar los grupos naturales para construir una organización próspera, N.T) . Logan, D., King, JP y Fischer-Wright, H. (2011). Nueva York : Harper Business, 2011, 2008. ISBN: 9780061251320

Referencias Bíblicas

Citas de las Escrituras utilizadas de Mirror Bible ® Du Toit, Francois. Hermanus, Sudáfrica : Copyright © 2012 Mirror Word Publishing.

Las citas bíblicas marcadas como TPT son de The Passion Translation®. Copyright © 2017, 2018 por Passion & Fire Ministries, Inc. Usado con permiso. Todos los derechos reservados. www.ThePassionTranslation.com (Como aún no está la traducción oficial al español de esta versión, la traducción que se realizó fue libre. N.T)

Las citas bíblicas utilizadas de la Versión Reina Valera son tomadas de Reina-Valera 1960 © Sociedades Bíblicas en América Latina, 1960. Renovado © Sociedades Bíblicas Unidas, 1988.

Escrituras tomadas de la Nueva Versión King James®. Copyright © 1982 por Thomas Nelson. Usado con permiso. Todos los derechos reservados.

Citas de las Escrituras tomadas de la Biblia Amplified ® (AMPC), Copyright © 1954, 1958, 1962, 1964, 1965, 1987 por The Lockman Foundation. Usado con permiso. www.Lockman.org

Citas de las Escrituras tomadas de New American Standard Bible® (NASB), Copyright © 1960, 1962, 1963, 1968, 1971, 1972, 1973, 1975, 1977, 1995 por The Lockman Foundation. Usado con permiso. www.Lockman.org

Las citas bíblicas provienen de la Biblia ESV® (The Holy Bible, English Standard Version®), copyright © 2001 de Crossway, un ministerio editorial de Good News Publishers. Usado con permiso. Todos los derechos reservados.

Las citas escritas marcadas (NASB) están tomadas de New American Standard Bible® (NASB), Copyright © 1960, 1962, 1963, 1968, 1971, 1972, 1973, 1975, 1977, 1995 por The Lockman Foundation. Usado con permiso. www.Lockman.org

Las citas de las Escrituras marcadas (NVI) están tomadas de la Santa Biblia, Nueva Versión Internacional®, NVI®. Copyright © 1973, 1978, 1984, 2011 por Biblica, Inc. ™ Usado con permiso de Zondervan. Todos los derechos reservados en todo el mundo. www.zondervan.com La "NVI" y la "Nueva Versión Internacional" son marcas registradas en la Oficina de Patentes y Marcas de los Estados Unidos por Biblica, Inc. ™